fic

droit

Rappels … igés

2e éditio

Pierre-Yves Ardoy
…s à l'Université de Pau
et des pays de l'Adour

ellipses

Retrouvez tous les titres de la collection « Fiches »
sur http://www.editions-ellipses.fr

ISBN : 9782340-027374

32, rue Bargue 75740 Paris cedex 15

www.editions-ellipses.fr

Table des matières

La propriété et la détention utilisées comme sûretés

Les sûretés réelles nécessairement mobilières

Les sûretés réelles nécessairement immobilières

Les privilèges

Table des principales abréviations

Act. : Actualités
AJ contrat : L'actualité juridique : contrat (Dalloz)
AP : Assemblée plénière de la Cour de cassation
Banque et dr. : Banque et droit
Bull. Civ. : Bulletin civil des arrêts de la Cour de cassation
CA : Cour d'appel
Cah.Jur.AMP : Cahiers de Jurisprudence d'Aquitaine et Midi-Pyrénées
Cass. Civ. 1re : Première Chambre civile de la Cour de cassation
Cass. Civ. 2e : Deuxième Chambre civile de la Cour de cassation
Cass. Civ. 3e : Troisième Chambre civile de la Cour de cassation
Cass. Com : Chambre commerciale de la Cour de cassation
Ch. mixte : Chambre mixte de la Cour de cassation
Chron. : Chronique
D. : Recueil Dalloz
Def. : *Répertoire du notariat Defrénois*
Doctr. : Doctrine
Dr et patr. : Droit et patrimoine
Fasc. : Fascicule
GAJC : Grands arrêts de la jurisprudence civile
Gaz. Pal. : Gazette du Palais
J.-Cl. : Juris-classeur
JCP ed. E : La semaine juridique édition entreprise
JCP ed. G : La semaine juridique édition générale
JCP ed. N : La semaine juridique édition notariale
Obs. : Observations
RDC : Revue des contrats
Req. : Chambre des requêtes de la Cour de cassation
Rép. Civ. Dalloz : Répertoire civil Dalloz (encyclopédie Dalloz)
Rép. Com. Dalloz : Répertoire de droit commercial Dalloz (encyclopédie Dalloz)
Rev. Dr banc. et fin. : Revue droit bancaire et financier
RJ com. : Revue de jurisprudence commerciale
RJDA : Revue de jurisprudence de droit des affaires
RLDA : Revue Lamy droit des affaires

RLDC : Revue Lamy droit civil
RTD Civ : Revue trimestrielle de droit civil
RTD Com : Revue trimestrielle de droit commercial
S. : *Sirey*
Somm. : Sommaires
TGI : Tribunal de grande instance
V. : Voir

Fiche 1
La raison d'être des sûretés

I. Le risque de crédit
II. La position fragile du créancier chirographaire

Définitions

Le risque de crédit c'est le risque pour un créancier de ne pas voir sa créance payée à l'échéance.

Le créancier chirographaire est celui qui n'a pour seul droit contre son débiteur que sa seule signature. Il n'est pas titulaire de sûretés ou de garanties de paiement contre celui-ci.

Les sûretés ont pour fonction de limiter le risque de crédit et de privilégier un créancier par rapport aux autres créanciers chirographaire du même débiteur.

I. Le risque de crédit

Selon une opinion répandue, le droit du crédit est le droit de la confiance (*racine latine, credo, credere, croire*). Le crédit repose par hypothèse sur une dette contractée à un moment donné et dont le remboursement est soit étalé dans le temps, soit reporté à une échéance plus ou moins lointaine. Pour les entreprises, comme pour les particuliers, le recours au crédit tient en réalité à une insuffisance chronique de fonds propres immédiatement mobilisables pour le paiement de leurs dettes. Lorsqu'une personne, le plus souvent un établissement de crédit, accorde un financement étalé dans le temps, le risque est alors grand de ne pas voir la créance honorée.

Le **risque de crédit** est le risque de ne pas voir l'emprunteur honorer sa dette à l'échéance. Plus précisément, dans son règlement n° 2002-03 du 12 décembre 2002, le Comité de la réglementation comptable définit le risque de crédit comme étant « l'existence d'une perte potentielle liée à une possibilité de défaillance de la contrepartie sur les engagements qu'elle a souscrits ». Toujours selon ce même règlement, ce risque est avéré dès lors qu'il devient probable que le créancier ne recevra pas les sommes qu'il a engagées, en tout ou partie.

Toute entreprise créancière est concernée par le risque de crédit, même si l'étude du contentieux concerne très majoritairement les organismes bancaires. Ce risque peut ainsi avoir plusieurs sources comme par exemple l'octroi d'un prêt, l'autorisation donnée par une banque de rendre un compte courant débiteur, l'émission d'une lettre de change, la conclusion d'une vente à terme, etc... La réalisation de ce risque peut ensuite prendre plusieurs formes. Il peut tout d'abord résider dans l'insolvabilité du débiteur. Dans ce cas, la dette ne sera pas honorée et elle sera une perte sèche supportée par le créancier. La réalisation du risque peut en outre prendre la forme d'un retard dans l'exécution de son obligation par le débiteur. Dans ce cas, l'immobilisation de la créance peut entraîner de graves difficultés financières pour le créancier qui peut se retrouver à cours de trésorerie.

Quelle que soit l'hypothèse, les crédits consentis par une entreprise constituent un poste spécifique dans son bilan et la réalisation du risque obère d'autant la survie de celle-ci.

Il est alors primordial de prendre en compte ce risque dans la gestion de l'entreprise créancière afin de le prévoir et de l'atténuer. Dans un premier temps le risque fait l'objet d'une évaluation. L'article 3 du règlement comptable précité demande ainsi que soient identifiés les encours sains des encours douteux et fournit quelques critères d'appréciation de ces derniers : existence d'impayés de la part du débiteur, situation financière dégradée du débiteur, existence de procédures collectives à l'encontre du débiteur.

L'appréciation de ce risque permettra au créancier, dans un second temps, d'utiliser des moyens juridiques de se prémunir contre son éventuelle réalisation. C'est alors qu'interviennent les sûretés et plus généralement toutes les garanties du crédit.

II. La position fragile du créancier chirographaire

Le **créancier chirographaire** est le créancier qui est dépourvu de sûreté. Le terme signifie que la créance est simplement constatée par un acte «*écrit de la main*» (du grec *chiro*, la main, et *graphein*, l'écrit). Le créancier chirographaire dispose d'un droit de gage général sur le patrimoine de son débiteur posé par les articles 2284 et 2285 du Code civil. Cela signifie que, à l'échéance de sa créance, et à certaines conditions, il peut faire saisir n'importe quel bien garnissant le patrimoine de son débiteur. Ce bien sera ensuite vendu aux enchères publiques (adjudication) et le créancier chirographaire se paiera sur le prix de vente. Ce droit ne permet toutefois pas d'assurer au créancier chirographaire qu'il sera effectivement désintéressé.

Les biens hors d'atteinte des créanciers. Il existe tout d'abord un certain nombre de **biens insaisissables**. En premier lieu, sont insaisissables les biens visés par l'article L. 112-2 du code des procédures civiles d'exécution. Le 5° de ce texte vise notamment les biens nécessaires à la vie et au travail du débiteur saisi et de sa famille qui sont listés à l'article R. 112-2 de ce même code: vêtements, literie, linge de maison, objets et produits nécessaires aux soins corporels et à l'entretien des lieux, denrées alimentaires, objets de ménage nécessaires à la conservation, à la préparation et à la consommation des aliments, appareils nécessaires au chauffage, table et chaises permettant de prendre les repas en commun, un meuble pour ranger le linge et les vêtements et un autre pour ranger les objets ménagers, une machine à laver le linge, les livres et autres objets nécessaires à la poursuite des études ou à la formation professionnelle, les objets d'enfants, les souvenirs à caractère personnel ou familial, les animaux d'appartement ou de garde, les animaux destinés à la subsistance du saisi ainsi que les denrées nécessaires à leur élevage, les instruments de travail nécessaires à l'exercice personnel de l'activité professionnelle et enfin un poste téléphonique permettant l'accès au service téléphonique fixe ou mobile.

Ensuite, l'article L. 526-1 du Code de commerce prévoit un dispositif permettant à un entrepreneur personne physique de voir ses droits sur sa résidence principale mis hors d'atteinte des créanciers dont les droits seraient nés à l'occasion de l'activité professionnelle de cet entrepreneur. Ce même texte permet également à un entrepreneur personne physique de déclarer insaisissables ses droits sur les immeubles bâtis ou non affectés à son activité professionnelle. Ce dispositif issu de la loi n° 2003-721 pour l'initiative économique du 1er août 2003, a été étendu dans le sens d'une insaisissabilité de droit de la résidence principale par la loi 2015-990 du 6 août 2015 pour la croissance, l'activité et l'égalité des chances économiques.

En dernier lieu, jusqu'à la loi n° 2011-1862 du 13 décembre 2011, il était possible de constituer, au profit de toute famille, un bien insaisissable appelé « bien de famille ». L'article L. 215-1 du Code de l'action sociale et des familles et la loi du 12 juillet 1909 ont toutefois été abrogés par la loi du 13 décembre 2011, abrogation effective à compter du 1er janvier 2013.

L'insolvabilité du débiteur. Hors le cas de ces biens insaisissables, le créancier chirographaire peut se heurter à **deux écueils** tenant à l'insolvabilité de son débiteur. Tout d'abord, il se peut que le patrimoine du débiteur ait été considérablement amoindri entre le moment de la naissance de la créance et celui de son exigibilité. Le créancier chirographaire se trouve directement confronté à la réalisation du risque de crédit évoqué plus haut. Or il ne peut saisir que les biens existant dans le patrimoine du débiteur au moment de la saisie et il n'est pas évident que ceux-ci soient à même de le désintéresser. Certains mécanismes permettent toutefois de protéger un tant soit peu le créancier chirographaire. Il s'agit par exemple de l'action paulienne de l'article 1167 du Code civil (qui suppose la preuve d'une fraude du débiteur) ou encore de l'action fondée sur l'article L. 632-1 du Code de commerce permettant d'obtenir l'annulation de certains actes du débiteur en situation de redressement judiciaire. La mise en œuvre de ces mécanismes peut cependant s'avérer sinon illusoire, du moins très décevant.

Second écueil, le créancier chirographaire risque d'être confronté à la présence d'autres créanciers avec lesquels il se trouve alors en concours : il se heurte au **principe d'égalité des créanciers** posé par l'article 2285 du Code civil. Ce principe a plusieurs conséquences de nature à briser l'espoir du créancier chirographaire d'être payé en totalité. Tout d'abord, la date de la créance est indifférente : un créancier chirographaire ne peut se prévaloir de l'ancienneté de sa créance pour primer un créancier plus récent. Par ailleurs si le prix de vente du bien saisi est insuffisant pour désintéresser l'ensemble des créanciers, le paiement de ceux-ci se fait au marc-le-franc, c'est-à-dire proportionnellement au montant de leur créance. Cela signifie donc qu'aucun des créanciers chirographaires n'est intégralement payé car chacun supporte proportionnellement la même perte. Mais le paiement au marc-le-franc ne joue que dans l'hypothèse rare ou plusieurs créanciers saisissent simultanément le même bien. En réalité, enfin, le paiement d'un créancier chirographaire sera le plus souvent le produit de son empressement à saisir les biens du débiteur. En application de l'adage selon lequel « le paiement est le prix de la course », les créanciers les moins célères s'exposent au risque de crédit déjà évoqué.

Le **rôle des sûretés** est alors d'offrir une double protection supplémentaire au créancier. Il se prémunit tout d'abord **contre son propre débiteur**, soit en obtenant d'un tiers qu'il se substitue au débiteur défaillant, soit en obtenant du débiteur qu'il affecte un ou plusieurs biens en garantie du paiement de la dette.

Il se protège ensuite **contre les autres créanciers de son débiteur**. En se faisant consentir une sûreté, le créancier se met dans une situation préférentielle par rapport aux créanciers chirographaires qui ne peuvent en effet être payés qu'une fois que les diverses sûretés ont été purgées. L'article 2285 du Code civil prévoit expressément cette dérogation au principe d'égalité entre les créanciers à travers les **causes légitimes de préférence**. Si celles-ci sont, au terme de l'article 2323, les privilèges et les hypothèques, la doctrine admet depuis longtemps que sont également visées les sûretés mobilières et l'antichrèse ou gage immobilier (cf. infra). Il convient en outre d'ajouter à ces causes légitimes de préférence les diverses techniques de droit des obligations telles que l'action directe et la compensation permettant à un créancier de voir sa créance renforcée. Soulignons également que le créancier échappe à tout concours lorsque sa créance est garantie par un droit de propriété.

À retenir

- Le rôle des sûretés est de permettre à un créancier de se prémunir contre le risque d'insolvabilité de son débiteur ainsi que d'être privilégié par rapport aux autres créanciers de celui-ci.

Pour en savoir plus

- A. Aynès, « Le rôle des sûretés dans le recouvrement des créances », *Procédures*, juillet-août 2008, p. 44
- L. Aynès, « L'appréhension du risque financier par le Droit : propos conclusifs », *Revue de Droit bancaire et financier* n° 6, novembre 2010, étude 37
- M. Cabrillac, « Les ambiguïtés de l'égalité entre les créanciers », *Mélanges en hommage à A. Breton et F. Derrida*, Dalloz 1991, p. 31
- F. Pollaud-Dulian, « Le principe d'égalité dans les procédures collectives », *JCP ed. G* 1998, I, 138.
- A. Salgueiro, « Appréciation du risque de crédit à une entreprise », *J.-Cl. Banque – Crédit – Bourse*, fasc. 180, 2005.

POUR S'ENTRAÎNER

I. Vrai / Faux (réponses en fin de fiche)

1. Seuls les établissements ce crédit sont exposés au risque de crédit

2. Tous les biens du débiteur sont saisissables

3. Le créancier chirographaire est plus exposé au risque de crédit que le créancier muni d'une sûreté

4. En cas de pluralité de créanciers chirographaires, le paiement au marc le franc ne garantit pas le paiement intégral de chacun.

II. Cas pratique

A, B, C et D sont créanciers chirographaires de E. Leurs créances respectives sont de 25, 30, 35 et 10. Ils décident d'agir ensemble et saisissent le même bien dont le produit de la vente est finalement de 80. Comment s'effectue la répartition au-marc-le-franc ?

RÉPONSES

I. 1. Faux car le crédit peut par exemple résulter d'un délai de paiement accordé par un fournisseur ; 2. Faux car certains biens sont déclarés insaisissables par la loi ou peuvent être déclarés insaisissables par le débiteur ; 3. Vrai ; 4. Vrai.

II. La répartition se fait au proprata de la créance de chacun. Le total des créances est de 100. A recevra 20 (à savoir 25 % du prix de vente), B recevra 24 (30 % de 80), C recevra 28 (35 % de 80) et D recevra 8 (10 % de 80). Aucun des quatre créanciers ne donc sera désintéressé en totalité.

Fiche 2
La notion de sûreté

Définitions

Une garantie est un avantage particulier dont dispose un créancier et qui a pour effet de valablement remplacer l'exécution régulière d'une obligation ou d'en anticiper l'inexécution.

Une sûreté est une garantie particulière accordée à un créancier qui lui permet d'obtenir satisfaction en cas de défaillance de son débiteur par affectation d'un bien (sûreté réelle) ou par la substitution d'un tiers (sûreté personnelle). La sûreté s'ajoute à la créance et disparaît en principe lorsque la créance s'éteint.

I. La distinction entre garanties et sûretés

Plusieurs techniques permettent à un créancier de se protéger contre l'insolvabilité de son débiteur. Les sûretés visent cette finalité. Mais les sûretés ne sont pas les seuls moyens de se prémunir contre l'inexécution d'une obligation. D'une manière générale, ce sont les garanties qui ont cette fonction puisqu'elles rendent plus probables la satisfaction du créancier.

Selon une opinion qui circule en doctrine, la notion de sûreté est une **notion introuvable**, une « étiquette qui s'accommode du disparate » (Pétel, Cabrillac et Mouly, *Droit des sûretés*, Litec, coll. « Manuel », 9e édition, 2010, n° 2). Pour autant, déterminer positivement ce qu'est une sûreté ne répond pas qu'à un souci purement théorique. En effet, plusieurs textes voient la détermination de leur champ d'application conditionnée par la détermination de la notion de sûreté (comme par exemple l'article 1305-4 actuel du Code civil qui vise expressément la notion ou encore l'article 2314 du même Code qui vise les hypothèques et privilèges mais dont il est généralement admis qu'il vise toute sûreté).

Deux approches sont possibles. La première approche, extensive, tend à considérer comme sûreté tout droit tendant à protéger le créancier, même s'il ne s'agit pas là de sa fonction première. Cette méthode est qualifiée par certains auteurs de pragmatique ou fonctionnelle puisque l'on ne s'attache qu'au but poursuivi par le mécanisme considéré.

La deuxième approche consiste à isoler, au sein des garanties, les garanties particulières que sont les sûretés afin d'en déterminer les spécificités. Les sûretés constituent dès lors une catégorie bien déterminée répondant à des critères précis. Cette méthode suppose de passer par la définition de la notion de garantie afin de mieux marquer les caractères propres des sûretés.

Une garantie est un avantage particulier conféré à un créancier ayant pour but de « suppléer à l'exécution régulière d'une obligation ou d'en prévenir l'inexécution » (P. Crocq, *Propriété et garantie,* L.G.D.J., n° 287). Si les sûretés répondent à cette définition, il s'agit pour autant de clairement distinguer l'une et l'autre notion. En effet, le droit commun des obligations comporte certaines règles qui permettent au créancier de se protéger contre l'inexécution de l'obligation. Tel est le cas, par exemple, de la résolution pour inexécution du contrat, de l'exception d'inexécution voire de la compensation. Certains mécanismes comme l'action directe, la solidarité passive ou l'obligation *in solidum* ont en outre plus spécialement vocation à garantir le créancier. Ces techniques découlent toutefois directement de l'existence de l'obligation elle-même.

Si le but recherché est le même, les **sûretés** se distinguent toutefois par le fait qu'elles viennent s'ajouter au rapport d'obligation. Elles n'en sont jamais la conséquence directe et naissent d'une source distincte, qu'il s'agisse de la loi, d'une décision de justice ou encore d'une convention. Il est donc question de déterminer les mécanismes dont le but est de tendre exclusivement et délibérément à la garantie d'une créance. Partant, on peut dégager trois traits caractéristiques des sûretés :

- **Leur finalité :** améliorer la situation du créancier en lui permettant de se prémunir contre l'inexécution d'une obligation préexistante sans pour autant l'enrichir
- **Leur effet :** aboutir à la satisfaction du créancier et éteindre sa créance
- **Leur technique :** les sûretés s'ajoutent à une obligation fondamentale. L'exécution de celle-ci sera garantie par l'affectation d'un bien (sûreté réelle) ou par la substitution d'un tiers (sûreté personnelle).

À partir de ces caractères, il est possible de définir une sûreté comme étant une garantie particulière spécifiquement accordée à un créancier et qui lui permet d'obtenir satisfaction en cas de défaillance de son débiteur. La sûreté s'ajoute à la créance et disparaît en principe lorsque la créance s'éteint.

L'avant-projet de septembre 2017 propose d'introduire une définition générale de la notion de sûreté dans un éventuel futur article 2286 du Code civil. Selon cette proposition, « la sûreté garantit l'exécution d'une ou plusieurs obligations, présentes ou futures. »

II. Présentation des sûretés traditionnelles

Le **Code civil** consacre aujourd'hui l'importance et l'autonomie du droit des sûretés à travers l'avènement, en 2006, d'un **livre IV** entièrement consacré à celles-ci. Le Code reprend la distinction traditionnelle entre les sûretés personnelles et les sûretés réelles, distinction qui sera explicitée plus loin.

Les **sûretés personnelles** sont des mécanismes qui vont permettre la substitution d'un tiers au débiteur défaillant. Le Livre IV en connaît trois : le cautionnement (art. 2288 à 2320), la garantie autonome (art. 2321) et la lettre d'intention (art. 2322).

Les **sûretés réelles** sont des mécanismes affectant un bien - le plus souvent appartenant au débiteur - au paiement de sa dette en cas de défaillance. Le Livre IV distingue : les privilèges (mobiliers art. 2330 à 2332-3 ; immobiliers art. 2374 à 2386), le gage de meubles corporels (art. 2333 à 2354), le nantissement de meubles incorporels (art. 2355 à 2366), la propriété retenue à titre de garantie (2367 à 2372), la propriété transférée à titre de garantie ou fiducie-sûreté (art. 2372-1 et s. & 2488-1 et s.), l'antichrèse (appelée gage immobilier depuis la loi de simplification du 12 mai 2009, art. 2387 à 2392) et enfin l'hypothèque (2393 à 2425).

D'autres sûretés, très spécifiques, figurent dans d'autres Codes ou dans des textes épars. Il s'agit par exemple du nantissement de fonds de commerce (art. L. 142-1 et s. du Code de commerce), du gage de l'outillage et du matériel d'équipement (art. L. 525-1 et s. du Code de commerce), du nantissement de logiciels (art. L. 132-34 du Code de la propriété intellectuelle) ou encore des divers warrants (warrant agricole, hôtelier, pétrolier).

III. La promesse de porte-fort et la délégation utilisées comme sûretés

Certaines techniques qui ne figurent pas dans le livre IV du Code civil et qui ne sont pas en soi des sûretés peuvent toutefois être utilisées en tant que telles. Évoquons le cas de la promesse de porte-fort-sûreté et de la délégation-sûreté.

La **promesse de porte-fort** est régie par l'article 1204 du Code civil (ex. art. 1120). Il s'agit d'un contrat par lequel une personne (le porte-fort) s'engage au profit d'une autre à ce qu'une troisième souscrive une convention ou exécute une prestation. Celui qui se porte fort de l'exécution d'un engagement promet au créancier qu'il l'indemnisera en cas d'inexécution de l'engagement par le débiteur. Le porte-fort est directement engagé à l'égard du bénéficiaire de la promesse. Les obligations nées de la convention de porte-fort sont alternatives : l'acceptation du tiers libère le porte-fort, la responsabilité de celui-ci ne pouvant être engagée qu'en l'absence de ratification par le tiers. La promesse de porte-fort peut être utilisée comme une véritable sûreté, il sera alors question de porte-fort-sûreté. La Cour de cassation opère une nette distinction entre les deux formes de porte-fort (Com. 13 décembre 2005, *D.* 2006, p. 298, obs. Delpech). Au terme de cet arrêt de principe rendu au visa des anciens articles 1120 et 1134 du Code civil:

- Le porte-fort dit classique est un engagement autonome tendant à obtenir la ratification par un tiers de l'engagement ou de l'acte juridique que le porte-fort a promis pour lui.
- Le porte-fort sûreté est celui par lequel celui qui se porte fort promet l'exécution d'un engagement par un tiers. La promesse de porte-fort est alors un engagement accessoire à celui du débiteur et supprime le caractère alternatif du droit du créancier. Les obligations se cumulent.

La délégation est également une technique de droit des obligations pouvant être utilisée comme sûreté. Le mécanisme est le suivant: à la demande d'un débiteur (le délégant, A), un tiers au rapport d'obligation (le délégué, B) s'engage à payer le créancier (le délégataire, C). Il s'agit donc d'une convention entre le délégué et le délégataire à la demande du délégant.

Figure 1

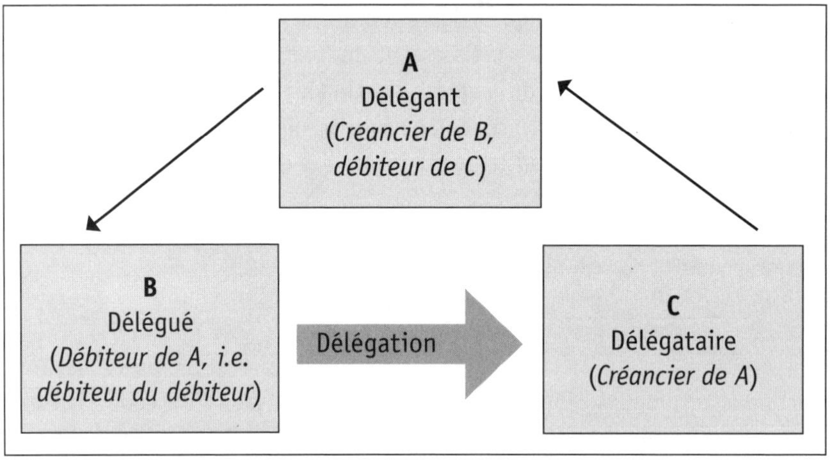

Dans son utilisation la plus fréquente, la délégation est un mode simplifié d'extinction des obligations car elle intervient à titre de paiement: le débiteur délègue à son créancier son propre débiteur. On parle de délégation-paiement.

La délégation est **parfaite** lorsque l'obligation de B envers C se substitue complètement à celle de A envers C. À est donc immédiatement déchargé de son obligation. Il y a novation, car les parties ont souhaité créer une nouvelle obligation (intention de «nover») et éteindre une obligation existante. Le créancier C doit accepter de libérer son débiteur A tout en acceptant le nouveau débiteur B. La délégation parfaite ne peut intervenir à titre de sûreté car elle opère simplement une substitution de débiteur.

La délégation est **imparfaite** si l'obligation entre A et C demeure. Dans ce cas, la créance de A sur B devient conditionnelle : elle est soumise à l'exécution par B de son obligation envers C. L'obligation de A envers C s'éteindra elle aussi lorsque B aura exécuté son obligation. C possède donc deux débiteurs. Dans cette dernière hypothèse, la délégation peut intervenir à titre de sûreté car il y a alors adjonction d'un débiteur supplémentaire au créancier. C'est le cas lorsqu'une personne qui ne doit rien s'engage envers un tiers en qualité de délégué de celui qu'il garantit. On parle alors de **délégation-sûreté** ou de fausse délégation.

La Cour de cassation a toutefois jugé que, au sens de l'article L. 225-35 du Code de commerce, la délégation imparfaite n'est pas une sûreté car elle n'est, pour le délégué, qu'un mode d'extinction de sa propre dette à l'égard du délégant (Cass. com. 15 janvier 2013, n° 11-28173, *JCP G* 25 mars 2013, 345, note Bascoulergue).

À retenir

- Les sûretés sont des garanties particulières qui se caractérisent par leur finalité (garantir une créance), leur effet (aboutir à la satisfaction du créancier) et leur technique (adjonction d'un tiers garant ou d'un bien en garantie de la créance).
- Les sûretés usuelles figurent dans le Livre IV du Code civil. Il existe toutefois des sûretés dans d'autres Codes ainsi que des techniques de droit des obligations (promesse de porte-fort et délégation) qui peuvent être utilisées comme de véritables sûretés.

Pour en savoir plus

- Y. Chartier, « L'évolution du droit des sûretés, rapport de synthèse », *Rev. Jur. Com. fev. 1982 p. 150.*
- P. Crocq, « L'évolution des garanties de paiement : de la diversité à l'unité », *Mélanges Mouly*, Litec, 1998, t. 2 p. 317.
- P. Crocq, *Propriété et garantie*, L.G.D.J., n° 287
- P. Jourdain, « Quelques réflexions sur la notion de garantie en droit privé », *Mélanges Malinvaud*, Litec 2007, p. 303.
- Cass. Civ. 1re, 25 janvier 2005 ; *Bull. civ.* I, n° 43 ; *JCP ed. E* 2005, 1860, n° 12 obs. Simler ; *Def.* 2005, art. 38166, p. 908 note Honorat.

POUR S'ENTRAÎNER : QUESTIONS DE COURS

1. Une sûreté est-elle nécessairement une garantie du crédit ?
2. La finalité première des sûretés est-elle d'améliorer la situation du débiteur ?

RÉPONSES

1. Oui. Mais l'inverse n'est pas vrai : toutes les garanties ne sont pas des sûretés.
2. Non, c'est d'améliorer la situation du créancier qui se prémunit contre l'inexécution d'une obligation préexistante. Indirectement toutefois la sûreté peut améliorer la situation économique du débiteur car elle lui permet de se procurer du crédit.

Fiche 3
Évolutions du droit des sûretés

I. Les facteurs d'évolution du droit des sûretés

Les facteurs d'évolution du droit des sûretés sont nombreux. D'une façon générale on constate que le droit des sûretés s'est développé de manière cyclique, chaque garantie ayant eu, pour reprendre le mot de Dominique Legeais, son heure de gloire.

Des facteurs socioéconomiques sont tout d'abord à l'œuvre. De même que tous les créanciers n'ont pas besoin des mêmes sûretés, tous les débiteurs ne peuvent offrir les mêmes sûretés. Ainsi les banques auront-elles plutôt recours aux sûretés personnelles alors que les fournisseurs opteront plutôt pour se faire consentir des sûretés réelles. Par ailleurs selon que le débiteur est un professionnel ou un consommateur, le mode de sûreté qu'il sera à même d'offrir différera très sensiblement. À titre d'exemple l'entrepreneur consentira plutôt une sûreté sur son outil de travail (fonds de commerce, outillage).

Des facteurs politiques peuvent ensuite être décelés. Si le droit des sûretés n'est pas en soi particulièrement enclin à une lecture politique, il prend une saveur toute autre lorsqu'on le confronte à d'autres domaines comme le droit des entreprises en difficulté ou le droit du surendettement. Ainsi le choix d'imposer des sacrifices aux créanciers d'une entreprise en redressement va-t-il directement influencer la situation des créanciers munis de sûretés.

Enfin, le perfectionnement des techniques juridiques a directement influencé l'évolution des sûretés. Le droit contemporain des sûretés s'est ainsi adapté au développement des nouveaux biens (expansion de l'incorporel) ou de nouvelles techniques de droit des obligations. Ainsi que le font remarquer certains auteurs, les sûretés sont soumises à un double mouvement vers la complexité et vers la simplicité (L. Aynès et P. Crocq, *Les sûretés, la publicité foncière*, 5e édition, Defrénois, n° 17) : en effet, si les mécanismes juridiques fondant les diverses sûretés sont initialement simples, leur évolution vers toujours plus de complexité amène souvent la pratique à rechercher de nouveaux mécanismes plus simples. Cette tension est manifeste dans l'évolution contemporaine des sûretés personnelles car l'évolution du cautionnement, de plus en plus complexe et protecteur de la caution a amené la pratique à imaginer de nouvelles sûretés plus efficaces, plus simples et moins protectrices.

L'évolution des sûretés diffère selon qu'elle qu'il s'agisse de sûretés réelles ou de sûretés personnelles. Nous verrons successivement les sûretés connues du droit romain, de l'ancien droit jusqu'au Code civil, l'évolution depuis le Code civil et enfin les dernières réformes.

II. Du droit romain au Code civil

Les principales sûretés connues aujourd'hui ont été imaginées et développées par les juristes romains, qu'il s'agisse aussi bien des sûretés personnelles que des sûretés réelles.

Concernant les sûretés personnelles, le **droit romain** a connu plusieurs formes de cautionnement. Celui-ci découlait directement de la solidarité familiale et des éléments du groupe pouvaient être responsables de la défaillance de l'un d'entre eux. S'il était initialement réservé aux seuls citoyens romains (sponsio), le procédé s'est peu à peu étendu aux pérégrins (fidepromissio) pour s'élargir, à la fin de la République, à toute personne afin de garantir toute obligation (fideiussio).

En matière de sûretés réelles, le droit romain a consacré la fiducie, le gage, l'hypothèque ainsi que les privilèges. L'évolution s'est également faite dans un sens de perfectionnement et d'extension. Si initialement le garant devait transférer la propriété de la chose mise en garantie (fiducia cum creditore), le gage avec dépossession fut par la suite imaginé (pignus datum) avant que ne se développe un gage sans dépossession (pignus conventum qui prit le nom d'hypotheca par la suite).

L'**ancien droit** fut, pour les sûretés, une période de régression technique. D'une manière générale le Moyen Âge va voir se développer un recours de plus en plus accru aux sûretés réelles avec dépossession puis sans dépossession. La fiducie, technique la plus primitive, retrouva une nouvelle pratique alors que certaines sûretés comme l'hypothèque n'ont été véritablement efficaces que tardivement. Certaines coutumes vont petit à petit intégrer des sûretés romaines. À titre d'exemple, la coutume d'Orléans, qui a fait l'objet d'une étude par Pothier, connaissait des principales sûretés réelles ainsi que du cautionnement.

Baignant dans les eaux du droit naturel et de la redécouverte du droit romain, les rédacteurs du **Code civil** se sont logiquement inspirés de celui-ci. Seule la fiducie n'a pas été consacrée, car cette technique était considérée comme archaïque. Chaque sûreté est alors dotée de **caractères propres qui en font un modèle** :

- Le **cautionnement** est la seule sûreté personnelle reconnue. Elle se distingue par le caractère accessoire de l'engagement de la caution.
- Le **nantissement** est une sûreté avec dépossession. Lorsqu'il a pour assiette un meuble, il est appelé gage. Lorsqu'il porte sur un immeuble, il est appelé antichrèse.
- L'**hypothèque** est une sûreté sans dépossession. Elle a pour assiette des immeubles.
- Des **privilèges** sont reconnus par la loi à des créanciers en raison de leur qualité pour la garantie du paiement de certaines créances.

III. Les évolutions depuis le Code civil

L'évolution des sûretés depuis le Code civil est marquée par de profondes transformations. Un premier mouvement de l'évolution se caractérise par ce qu'un auteur appelle le « perfectionnement des sûretés modèles » (D. Legeais). En effet, à partir des modèles posés par le Code civil, les sûretés mobilières sans dépossession se sont multipliées au XXe siècle. Des techniques ont été créées notamment pour tenir compte du développement des biens incorporels comme les droits de propriété intellectuelle ou le fonds de commerce. Le nantissement de fonds de commerce a ainsi été réglementé par une loi du 1er mars 1898 puis par la loi du 17 mars 1909 (il est aujourd'hui régi par les articles L. 142-1 et suivants du Code de commerce). La réforme de la publicité foncière de 1955 a largement contribué au perfectionnement des sûretés réelles dans la mesure où le législateur a soumis à publicité des hypothèques et des privilèges qui étaient jusque-là occultes.

Mais le perfectionnement des sûretés modèles a été suivi, paradoxalement, du déclin de celles-ci. Tel est le cas du cautionnement dans les années 1980. La jurisprudence s'est montrée si bienveillante envers les cautions que les nombreuses contestations ont conduit les créanciers à ne voir leur créance payée que tardivement. Le cautionnement ne les protégeait alors plus des risques d'immobilisation de leurs créances. Les sûretés réelles furent, quant-à-elles, mises à mal par les réformes successives des procédures collectives. Depuis la loi de 1967 et surtout depuis celle du 25 janvier 1985, l'objectif affirmé de sauvetage des entreprises a conduit le législateur à imposer un certain nombre de sacrifices aux créanciers qu'ils soient ou non munis de sûretés : délais de grâce, remises, arrêt des poursuites individuelles leur interdisant de mettre en œuvre leur sûreté...

Devant les atteintes dont les sûretés du Code civil faisaient les frais, la pratique a cherché à développer de nouveaux outils destinés à pallier les inconvénients de la loi ou de la jurisprudence. En alternative au cautionnement se sont développés la délégation-sûreté, les garanties indépendantes, le porte-fort-sûreté, ou encore la lettre d'intention. Le point commun de ces diverses techniques est de chercher à paralyser le droit pour le garant de se prévaloir des exceptions que le débiteur principal peut opposer au créancier dans le cautionnement. En réponse aux atteintes portées aux sûretés réelles la sécurité a été recherchée dans le droit de propriété (développement de la réserve de propriété).

La doctrine fut alors unanime pour déplorer le désordre formel de la matière et dénoncer la multiplication des règles et des sûretés dans la plus totale incohérence. Une réforme des sûretés était nécessaire et vivement attendue.

IV. Les réformes contemporaines

Le premier texte important des années 2000 est la loi n° 2003-721 du 1er août 2003 pour l'initiative économique, dite loi Dutreil. Cette loi a profondément touché au cautionnement en introduisant un ensemble substantiel de règles dans le Code de la consommation dont certains auteurs considèrent qu'il s'agit d'un véritable second droit commun du cautionnement.

La véritable grande réforme a été réalisée par l'Ordonnance du 23 mars 2006 ratifiée par une loi du 20 février 2007. Cette réforme refond le droit des sûretés du Code civil en les regroupant dans un titre IV créé à cette occasion. En amont de la réforme, un groupe d'expert avait été constitué et placé sous la présidence du Professeur Grimaldi. Son objet était de réformer l'ensemble des sûretés. Le gouvernement devait ensuite se faire habiliter à transposer le projet par voie d'ordonnance. Le parlement a toutefois considéré que le cautionnement et les privilèges étaient des domaines qui ne pouvaient être délégués sans contrôle au Gouvernement. La loi d'habilitation du 26 juillet 2005 empêchait donc une réforme d'ensemble du droit des sûretés. Cette réforme a suivi plusieurs axes.

En premier lieu, le législateur n'a pas voulu modifier le droit positif en intégrant dans la loi des solutions jurisprudentielles ou des créations de la pratique. S'agissant de solutions jurisprudentielles, la réforme a par exemple consacré un texte général au droit de rétention dans le nouvel article 2286 ou encore consacré des solutions acquises en matière de réserve de propriété (articles 2367 à 2372). S'agissant de créations de la pratique, la réforme a intégré les garanties autonomes (article 2321) et la lettre d'intention (article 2322).

En second lieu, la réforme a visé l'amélioration et l'intégration de certaines techniques comme par exemple la généralisation du pacte commissoire en matière de sûreté réelle (qui permet, à certaines conditions, qu'à défaut d'exécution de l'obligation garantie, le créancier deviendra propriétaire du bien mis en garantie).

Enfin, la réforme a introduit dans le droit positif quelques modifications substantielles, quoi que peu nombreuses comme par exemple la perte du caractère réel du contrat de gage ou encore l'hypothèque rechargeable.

La réforme du 23 mars 2006 a le mérite de donner une présentation plus claire des sûretés. Mais elle ne concerne que le droit civil. Le droit des sûretés se trouve toujours éclaté entre au moins cinq codes : le Code civil, le Code de la consommation, le Code de commerce, le Code monétaire et financier et le Code de la propriété intellectuelle.

Plus récemment, la loi du 19 février 2007 instaurant la fiducie en droit français a ouvert la possibilité d'utiliser cette technique comme sûreté. Toutefois sa consécration en tant que telle était particulièrement timide. C'est l'ordonnance n° 2009-112 du 30 janvier 2009 et la loi de ratification du 12 mai 2009 qui viennent préciser en profondeur le régime applicable à la fiducie-sûreté. L'ordonnance du n° 2016-56 du 29 janvier 2016 et la loi n° 2016-1547 du 18 novembre 2016 ratifiant cette ordonnance ont en outre modifié le régime du gage des stocks (art. L. 527-1 à L. 527-9 du Code de commerce), le rapprochant du régime général du gage contenu dans le Code civil. Par ailleurs, l'ordonnance n° 2017-748 du 4 mai 2017 a amélioré le dispositif de l'agent des sûretés dans un contexte volonté commune de développer l'attractivité du droit français en matière de financements syndiqués.

Il est par ailleurs indéniable que la **réforme du droit commun du contrat** par l'ordonnance n° 2016-131 du 10 février 2016 aura une incidence sur les sûretés. D'une portée bien moindre, la refonte du Code de la consommation par l'ordonnance n° 2016-301 du 14 mars 2016 ratifiée par la loi n° 2017-203 du 21 février 2017 ne simplifie malheureusement pas le dispositif relatif à la protection de la caution en l'éclatant entre plusieurs textes.

Enfin, sur demande du ministère de la justice, un **avant-projet de réforme** des sûretés a été déposé en septembre 2017. Cet avant-projet est le fruit des réflexions et du travail d'une commission réunie dans le cadre de l'association Henri Capitant et présidée par le professeur Grimaldi. Les auteurs de l'avant-projet le justifient par des raisons de sécurité juridique et d'attractivité du droit français.

À retenir

- L'évolution des sûretés est due à plusieurs facteurs. Chaque sûreté a eu son heure de gloire. Le mouvement, cyclique, va de la simplicité originelle des mécanismes, vers une complexification dans un but de protection des divers intérêts en présence. Ceci amène la pratique à rechercher de nouveaux mécanismes offrant simplicité et efficacité.
- La réforme de 2006 a été l'occasion de clarifier les sûretés du Code civil à travers la création d'un nouveau livre IV ainsi que de faire des apports plus ou moins substantiels aux techniques déjà connues.
- Depuis 2006, le droit des sûretés a été maintes fois retouché justifiant une nouvelle réflexion sur une future réforme.

Pour en savoir plus

- *L'évolution des sûretés, RJC* 1982, numéro spécial.
- P. Crocq, « L'évolution des garanties du paiement, de la diversité à l'unité », *Mélanges Mouly*, Litec, 1998, t. 2, p. 317.
- M. Grimaldi, D. Mazeaud et Ph. Dupichot, « Présentation d'un avant-projet de réforme des sûretés », *D.* 2017, p. 1717.
- Sur la réforme de 2006, divers numéros spéciaux : *JCP* 2006, supplément au n° 20, *D.* 2006 p. 1289 et suivantes, *RLDC* juillet-août 2006.
- Sur la réforme du droit des obligations par l'ordonnance du 10 février 2016 : V. « Les incidences de la réforme du droit des contrats et des obligations sur le droit des sûretés », dossier dans *AJ contrat* 2017 n° 6, p. 247, sous la direction d'Y. Picod.
- Sur la refonte du Code de la consommation en 2016, V. D. Legeais, « Portée de la réforme du droit des obligations pour le droit du crédit », *RTD com.* 2016 p. 527
- V. L'avant-projet de réforme sur le site de l'association Henri Capitant : http://henricapitant.org/storage/app/media/pdfs/travaux/avant-projet-de-reforme-du-droit-des-suretes.pdf

Fiche 4

La distinction entre les sûretés personnelles et les sûretés réelles

Définitions

Les sûretés personnelles sont un engagement pris envers un créancier par un tiers non tenu à la dette. Elles ajoutent un rapport d'obligation à l'obligation principale qui fait l'objet de la sûreté. Le tiers garant dispose enfin de recours contre le débiteur garanti.

Les sûretés réelles consistent dans l'affectation d'un ou plusieurs biens au profit d'un créancier en garantie de sa créance. Un droit réel lui est consenti. Il bénéficie d'un droit préférentiel, voire d'un droit exclusif lorsque c'est la propriété du bien lui est transférée à titre de garantie. Les sûretés réelles confèrent généralement un droit de suite à leurs bénéficiaires.

I. Les sûretés personnelles

La distinction entre les sûretés personnelles et les sûretés réelles repose sur la distinction des droits patrimoniaux entre les droits personnels ou droits de créance et les droits réels.

Contrairement à ce qui était préconisé par le rapport Grimaldi de 2005, la loi n'a pas défini la sûreté personnelle. Il faut donc se tourner vers la doctrine pour tenter de cerner la notion. Une sûreté personnelle consiste, selon MM. Aynès et Crocq, en l'adjonction à l'obligation principale d'un engagement pris par un garant permettant au bénéficiaire d'agir contre celui-ci. Le garant disposera d'un recours contre le débiteur principal qui doit, in fine, seul supporter la dette. Le rapport Grimaldi proposait une définition des sûretés personnelle selon laquelle elles consistent en l'engagement pris envers un créancier par un tiers non tenu à la dette.

Attention

Il faut préciser que, d'une part, les sûretés personnelles sont des conventions conférant à un créancier le droit de réclamer le paiement de sa créance à une ou plusieurs autres personnes que le débiteur principal, et que, d'autre part, il ne peut s'agir d'une sûreté qu'à la condition que le garant ne soit pas lui-même tenu de contribuer à la dette.

MM. Cabrillac, Mouly et Pétel dégagent ainsi deux critères cumulatifs de la sûreté personnelle : il n'y a, selon eux, sûreté personnelle que lorsque l'engagement qu'invoque le créancier lui ouvre un recours qu'il n'aurait pas sans cela, et lorsque le débiteur de cet engagement ne doit pas contribuer définitivement à la dette.

Premier critère : il y a adjonction d'une créance au profit du créancier contre le garant ou, autrement dit, création d'une créance supplémentaire au profit du créancier. C'est un véritable droit personnel dont dispose le créancier sur le garant ou, plus exactement, sur le patrimoine du garant. Selon les auteurs, il n'y a de sûreté personnelle que par la multiplication des débiteurs : le garant ajoute son engagement à celui du débiteur garanti.

Deuxième critère : il y a absence de contribution à la dette par le garant. La sûreté personnelle suppose, de la part du garant, un engagement qui soit exempt de la nécessité d'exécuter une obligation qui trouve ailleurs une contrepartie.

L'avant-projet de septembre 2017 propose d'introduire une définition de la sûreté personnelle dans un éventuel futur article 2286-1 du Code civil : « engagement pris envers le créancier par un tiers non tenu à la dette qui dispose d'un recours contre le débiteur principal. »

II. Les sûretés réelles

Le législateur n'a pas non plus défini la notion de sûreté réelle dans la mesure où la réforme de 2006 n'a pas donné suite à la proposition du rapport Grimaldi. Celui-ci proposait en effet de considérer qu'il y a sûreté réelle lorsqu'il y a affectation d'un bien au paiement préférentiel du créancier. On peut la définir comme étant un accessoire de la créance qui confère au créancier un droit au paiement préférentiel sur la valeur d'un bien ou d'un ensemble de biens qui lui est affecté en garantie.

Attention

Le créancier se voit conférer un droit réel, sur un ou plusieurs biens composant le patrimoine du constituant. Cette affectation doit permettre le paiement préférentiel du créancier lorsque celui-ci est en concurrence avec d'autres créanciers. Le plus souvent il exercera un droit de préférence sur le prix de vente du bien affecté à titre de sûreté. Mais parfois la sûreté réelle confère au créancier bien plus qu'un simple paiement préférentiel : c'est le cas lorsque le créancier est dans une situation d'exclusivité. Dans ce cas il ne craint aucun concours.

MM. Cabrillac, Mouly et Pételdistinguent trois critères de la sûreté réelle :

Premier critère : le paiement préférentiel du créancier. C'est la finalité essentielle de la sûreté réelle.

Deuxième critère : l'affectation d'un bien ou d'un ensemble de biens. Cette technique est inhérente à la notion. Le créancier jouit d'un droit particulier sur des éléments de l'actif du patrimoine du débiteur.

Troisième critère : caractère accessoire par rapport à la créance. La sûreté réelle n'est pas autonome par rapport à la créance garantie. Le statut d'accessoire emporte comme conséquence que la sûreté a vocation à suivre la créance dans les patrimoines où elle peut passer (par exemple cession de créance, avec ses accessoires). La sûreté réelle disparaît et se transmet en même temps que la créance à laquelle elle est affectée. Droits réels accessoires, les sûretés réelles ne confèrent à leur bénéficiaire aucune des utilités économiques de la chose (jouissance, usage...). Le droit réel est ici vidé de sa substance matérielle et il n'en reste que les attributs juridiques à savoir le droit de préférence et le droit de suite.

Les sûretés réelles sont soumises à **un principe fondamental d'indivisibilité**. Cela signifie que chaque fraction de la créance est garantie par la chose toute entière. Ainsi, si la créance est divisée entre les héritiers du créancier, chacun d'eux demeure entièrement garanti. Par ailleurs, si le débiteur ne règle qu'une partie de ce qu'il doit, la sûreté demeure efficace jusqu'à complet payement. Enfin, si la chose grevée est elle-même divisée, chaque portion de cette chose continue d'être grevée jusqu'au paiement intégral de la créance.

L'avant-projet de septembre 2017 propose d'introduire une définition de la sûreté réelle dans un éventuel futur article 2286-1 du Code civil : « affectation préférentielle ou exclusive d'un bien ou d'un ensemble de biens, présents ou futurs au paiement préférentiel ou exclusif du créancier. »

Attention

Une figure peut faire hésiter quant à sa nature. Il s'agit de la sûreté réelle consentie pour garantir la dette d'autrui. S'agit-il d'une sûreté réelle ? S'agit-il d'une sûreté personnelle ? Malgré l'appellation traditionnelle en pratique de « cautionnement réel », et après de longues discussions et controverses doctrinales et jurisprudentielles, Chambre mixte de la Cour de cassation a clairement jugé qu'il s'agissait d'une pure sûreté réelle et non d'un cautionnement (Cass. ch. mixte, 2 déc. 2005 : Juris-Data n° 2005-031111 ; JCP G 2006, II, 10183, note Ph. Simler ; D. 2006, p. 729, note L. Aynès, concl. J. Sainte-Rose ; RDC 2006, p. 456, note M. Grimaldi, p. 458, note D. Houtcieff). Le tiers constituant ne prend ici aucun engagement personnel, la sûreté ayant une nature réelle. L'avant-projet de réforme des sûretés de septembre 2017 propose une définition dans un éventuel futur article 2291 du Code civil : « Le cautionnement réel est une sûreté réelle constituée pour garantir la dette d'autrui. » L'alinéa 2 du texte préciserait que « le créancier n'a d'action que sur le bien qui en forme l'objet. »

Les sûretés réelles se divisent elles-mêmes entre **sûretés mobilières** et **sûretés immobilières**. Cette distinction traditionnelle en droit français repose elle-même sur l'opposition tout aussi classique entre le régime applicable aux meubles et celui applicable aux immeubles. Des sûretés vont ainsi être nécessairement mobilières, le gage et le nantissement, alors que d'autres sûretés seront nécessairement immobilières, l'hypothèque, l'antichrèse. Des qualifications différentes sont ainsi retenues pour des mécanismes assez voisins. Ainsi, le nouveau gage sans dépossession est assez proche par son régime de l'hypothèque.

La distinction a cependant des limites. L'opposition des meubles et des immeubles a moins de raisons d'être aujourd'hui qu'il y a un siècle. Des conséquences de ce constat sont déduites dans le nouveau droit des sûretés. Les privilèges, la propriété utilisée à des fins de garantie sont des sûretés pouvant être mobilières ou immobilières. Le même constat vaut pour le droit de rétention.

III. Les critères de choix entre les sûretés personnelles et les sûretés réelles

Certains auteurs ont pu parler de concurrence entre les sûretés personnelles et les sûretés réelles. On a cependant déjà fait remarquer que tous les créanciers n'ont pas besoin des mêmes sûretés de même que tous les débiteurs ne peuvent consentir les mêmes sûretés. Outre les aspirations particulières à chaque agent économique, le choix entre sûreté réelle et sûreté personnelle est dicté par un ensemble de considérations.

La **simplicité de constitution:** à ce titre les sûretés personnelles ont un indéniable avantage puisqu'elles sont dégagées de toute formalité, de toute publicité et résultent d'un accord de volonté qui peut n'être constaté que par simple acte sous seing privé. Toutefois, on relève que la complexité de la constitution d'une sûreté réelle est parfois la contrepartie d'une meilleure efficacité (hypothèque).

La **capacité d'évolution en même temps que la créance garantie:** les sûretés réelles sont soumises à un principe de spécialité (une sûreté a pour assiette un ou plusieurs biens déterminés) qui empêche cette évolution. Les sûretés personnelles, en ce qu'elles confèrent un droit sur le patrimoine du garant, sont mieux adaptées à l'évolution de la créance voire à des relations suivies et à des créances répétées.

La question de **la plus ou moins grande atteinte au crédit du constituant** est également une considération de choix essentielle. Les deux techniques sont susceptibles de conférer sûreté sans obérer le crédit du constituant. D'une manière générale, viennent obérer ce crédit les sûretés gaspillant ce crédit dans la mesure où elles viennent diminuer le patrimoine de celui-ci (fiducie-sûreté) ou lui enlever la jouissance d'un bien (gage).

Enfin la plus ou moins grande **facilité de mise en œuvre** de la sûreté est un critère de choix. Le créancier aura tendance à se faire consentir une sûreté simple à mettre en œuvre et dont le coût est modique.

À retenir

- Une sûreté personnelle garantit une obligation par l'adjonction d'un deuxième débiteur qui doit répondre de son obligation sur son propre patrimoine.
- Une sûreté réelle garantit une obligation par l'affectation d'un bien appartenant le plus souvent au débiteur. Le créancier dispose d'un droit préférentiel sur le prix de vente du bien ainsi que du droit de saisir le bien en quelques mains qu'il se trouve.

Pour en savoir plus

- P. Dupichot, *L'efficience économique du droit des sûretés réelles*, http://www.fondation-droitcontinental.org/upload/docs/application/pdf/2010-08/ph-dupichot-2eme_partie.pdf
- Ph. Simler, « Le cautionnement réel est réellement – aussi – un cautionnement », *JCP G* 2001, I, 367.
- Ph. Simler, « Et pourtant, une sûreté réelle constituée en garantie de la dette d'un tiers est un cautionnement... réel », *JCP G* 2006, I, 172.

POUR S'ENTRAÎNER

Relevez les critères de distinction entre sûretés réelles et sûretés personnelles dans cet extrait de l'arrêt rendu par la Cour de cassation, Chambre civile 1, le 7 mai 2008 (Bull. civ. 2008, I, n° 125) :

« *(...) Mais attendu que l'arrêt relève que le* « cautionnement » *souscrit par Mme Henriette X...* « était uniquement un cautionnement hypothécaire *et sans solidarité limité à sa seule maison sise à E., sans autre engagement sur ses revenus* » *; Qu'il en résulte que cette sûreté réelle consentie pour garantir la dette d'un tiers n'impliquant aucun engagement personnel à satisfaire l'obligation d'autrui n'est pas un* cautionnement *et que, limitée au bien hypothéqué, elle est nécessairement proportionnée aux facultés contributives de son souscripteur ;* (...) Par ces motifs *: REJETTE le pourvoi (...).* »

RÉPONSE

On est en présence d'une sûreté pour autrui dénommée par les parties « cautionnement hypothécaire ». La question était donc de savoir s'il s'agissait d'une sûreté réelle (une hypothèque) ou d'une sûreté personnelle (un cautionnement). La Cour de cassation estime qu'il s'agit d'une sûreté réelle pour autrui car si la sûreté est bien consentie par un tiers au rapport d'obligation (ce qui la fait ressembler à un cautionnement et donc à une sûreté personnelle), les juges relèvent que la dette n'est garantie que par l'affectation d'un seul bien (une maison) et n'emporte aucun droit du créancier sur l'ensemble du patrimoine du garant. Cf. toutefois la critique de cette solution par Ph. Simler dans son article au JCP éd. G 2006, précité.

Fiche 5
Opération de cautionnement et contrat de cautionnement

Définitions

Le cautionnement est un contrat par lequel une caution s'engage à exécuter l'obligation d'un débiteur si celui-ci ne le fait pas lui-même. Il se caractérise par un lien d'accessoire à l'obligation garantie.

L'opération de cautionnement est une relation triangulaire qui met en scène le débiteur principal, son créancier et la caution. Des liens se créent entre chacun d'eux.

I. L'opération de cautionnement

Le contrat de cautionnement ou cautionnement à proprement parler est le contrat conclu entre la caution et le créancier au terme duquel la caution se soumet envers le créancier à satisfaire l'obligation cautionnée si le débiteur n'y satisfait pas lui-même (art. 2288 du Code civil). Le cautionnement suppose en effet l'existence d'une troisième personne, le débiteur principal. Le cautionnement implique donc l'existence d'une opération triangulaire qui peut être chronologiquement décrite en trois étapes :

- Première étape : un lien d'obligation est formé entre un créancier et un débiteur, prévoyant la fourniture d'une caution
- Deuxième étape : un accord intervient entre le débiteur et la personne acceptant de se porter caution pour lui
- Troisième étape : la caution s'oblige envers le créancier.

Ces trois relations restent distinctes même si elles sont formalisées au moyen d'un seul acte instrumentaire.

Figure 2

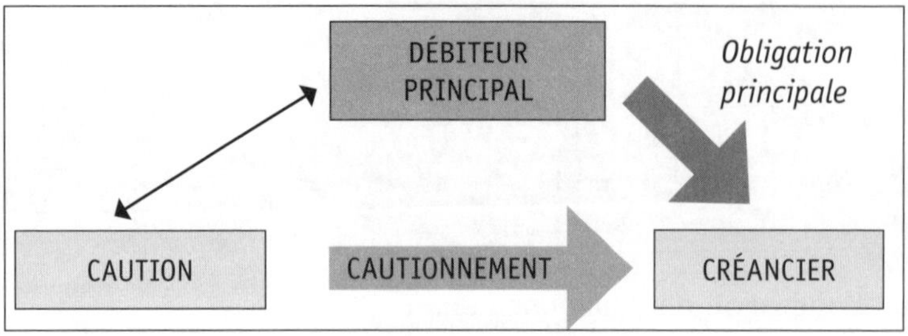

A. La relation entre le créancier et le débiteur principal

Cette relation constitue **l'obligation principale.** Le cautionnement ne peut en effet exister sans une obligation principale valable entre un créancier et un débiteur (art. 2289 du Code civil). Celle-ci est généralement de nature contractuelle, mais peut résulter aussi de la loi ou d'un jugement. Dans tous les cas, elle aura existé au moins à l'état de projet ou de virtualité avant la conclusion du contrat de cautionnement. La caution peut en effet garantir aussi bien des dettes déjà nées que des obligations naissant simultanément avec son propre engagement, ou encore des obligations futures, même non déterminées, pourvu qu'elles soient déterminables. L'obligation principale – par exemple l'octroi d'un prêt – peut précisément avoir été subordonnée à la fourniture préalable de la sûreté.

B. La relation entre le débiteur principal et la caution

Dans un second temps, le débiteur doit trouver la personne disposée à s'engager à payer sa dette en cas de défaillance de sa part. Expressément ou tacitement, un lien contractuel s'établit entre eux, par lequel la future caution accepte, soit à titre gratuit, soit moyennant une rémunération convenue, de garantir le paiement de la dette. La qualification de ce rapport est controversée.

L'analyse classique y voit un mandat donné par le débiteur à la caution. Mais cette vision a été remise en cause. La critique s'appuie sur le fait que le contrat que la caution va conclure avec le créancier ne le sera pas au nom et pour le compte du débiteur, même s'il l'est dans son intérêt. Le recours à l'idée de mandat sans représentation ou de représentation imparfaite ne permet pas non plus de donner une qualification satisfaisante de la relation. En effet, la caution s'engage personnellement, sans représentation, et son engagement n'ajoute ni ne retranche rien aux obligations du débiteur principal.

La particularité du contrat caution-débiteur et son inéluctable connexité avec le contrat de cautionnement stricto sensu expliquent que ses effets soient généralement envisagés sous les effets du cautionnement. Il s'agit néanmoins d'un contrat autonome et définitif, assorti d'effets propres, et qui oblige la caution même en l'absence d'un nouvel accord entre elle et le créancier. La caution, en effet, se sera engagée envers le débiteur à le garantir envers tel créancier pour telle dette ou tel ensemble de dettes. Cet accord renferme tous les éléments constitutifs d'une stipulation pour autrui dont le créancier désigné est le bénéficiaire. Sauf révocation antérieure à son acceptation, celui-ci peut utilement s'en prévaloir.

Bien qu'en pratique l'engagement de la caution envers le créancier soit toujours précédé de l'accord entre la caution et le débiteur, l'article 2291 du Code civil dispose que l'« *on peut se rendre caution sans ordre de celui pour lequel on s'oblige, et même à son insu* ». La doctrine voit dans ce cas une application de la gestion d'affaires dans la mesure où l'engagement en qualité de caution est un acte utile au débiteur.

C. La relation caution-créancier

C'est le **cautionnement** au sens strict. C'est la dernière phase du processus triangulaire auquel, par commodité, on applique aussi l'appellation de cautionnement. Cette acception large procède d'une vision économique de l'opération, vision justifiée si l'on considère le cautionnement comme une opération de crédit par signature reposant sur la relation triangulaire. L'article L. 313-1 du Code monétaire et financier dispose ainsi que « constitue une opération de crédit tout acte par lequel une personne agissant à titre onéreux met ou promet de mettre des fonds à la disposition d'une autre personne ou prend, dans l'intérêt de celle-ci, un engagement par signature tel qu'un aval, un cautionnement, ou une garantie. »

Le Code civil lui-même n'évite d'ailleurs pas l'amalgame entre le cautionnement au sens strict et l'opération plus large de cautionnement puisque, après avoir décrit le contrat de cautionnement à l'article 2288, il traite également, sous la rubrique des effets du cautionnement, des rapports entre la caution et le débiteur. La Cour de cassation a ainsi pu affirmer que le cautionnement « implique des engagements entre trois personnes, un créancier, un débiteur et une caution » (Civ.1, 2 février 1972 : *Bull. civ.* 1972, I, n° 37 ; *JCP G* 1972, IV, 64). Cette analyse est cependant restée sans suites. La jurisprudence s'en tient très généralement à une vision bilatérale du contrat de cautionnement, d'où est écartée toute incidence du rapport caution-débiteur (notamment s'agissant du régime du dol). Les interconnexions sont pourtant inéluctables. Il suffit de songer aux incidences constantes du caractère accessoire du cautionnement.

Il est donc important d'avoir à l'esprit l'existence de ces trois relations qui, incluant le contrat de cautionnement, constituent l'opération de cautionnement, au sens large.

II. Les principaux caractères du contrat de cautionnement

Le contrat de cautionnement est donc le contrat noué entre le créancier et la caution au terme duquel celle-ci s'oblige à exécuter l'obligation garantie si le débiteur principal est défaillant. Le cautionnement présente certain nombre de caractères essentiels qu'il importe de mettre en relief dans la mesure où divers aspects du régime de cette sûreté en découlent directement.

A. Le caractère consensuel

1) Le principe

Le cautionnement est tout d'abord et en principe un **contrat consensuel**. Le cautionnement obéit donc normalement à cette règle de principe aujourd'hui posée par l'article 1172 du Code civil. Le contrat de cautionnement est donc parfait par le seul échange des consentements entre la caution et le créancier. En effet, il est généralement admis que tout contrat est consensuel à moins que la loi n'en dispose autrement et lorsque celle-ci impose une règle qui peut apparaître comme une condition de forme, celle-ci doit être considérée comme étant une règle de preuve afin de ne pas altérer le caractère consensuel du contrat. C'est ainsi qu'est interprété l'article 2292 du Code civil au terme duquel «*le cautionnement ne se présume point, il doit être exprès (...)*». Cette règle signifie seulement que la volonté de s'obliger comme caution doit être établie avec certitude. La Cour de cassation a ainsi jugé qu'un cautionnement verbal peut être exprès et donc efficace (Cass. req., 7 mars 1932, *S.* 1932, 1, p. 128). La jurisprudence interprète d'ailleurs strictement l'article 2292 et n'exige un consentement exprès que de la seule caution. L'accord du créancier, en revanche, peut être tacite et résulter, en particulier, des poursuites engagées par lui contre la caution. C'est également ainsi que doit être lu l'article 1376 du Code civil qui pose une règle de preuve et non de validité (ancien art. 1326). Le nouvel article 1173 du Code civil issu de la réforme du 10 février 2016 confirme cette lecture en posant que «les formes exigées aux fins de preuve ou d'opposabilité sont sans effet sur la validité du contrat».

2) Les exceptions

Le caractère consensuel du cautionnement connaît toutefois d'importantes atteintes, tant et si bien que l'on peut aujourd'hui se demander si le consensualisme demeure la règle. Ainsi le Code de la consommation exige-t-il la présence de mentions manuscrites de la part de la caution personne physique qui s'engage à l'égard d'un créancier professionnel, ce qui recouvre la majorité des hypothèses de cautionnement en pratique. Le dispositif issu de la loi Neiertz du 31 décembre 1989 a été élargi par la loi Dutreil du 1er août 2003. À la suite d'une renumérotation du Code de la consommation par l'ordonnance n° 2016-301 du 14 mars 2016, le dispositif est aujourd'hui éclaté entre plusieurs articles : L. 314-15, L. 314-16 et L. 341-51-1 pour ce qui est des crédits à la consommation et des crédits immobiliers, L. 331-1 à L. 331-3 et L. 341-1 à L. 341-3 pour tous les cautionnements consentis par des personnes physiques au profit de créanciers professionnels. L'exigence de mention manuscrite concerne l'**engagement de caution** en lui-même mais également la **stipulation de solidarité** si le cautionnement est voulu solidaire (cf. infra fiche n° 7).

Ces textes sont d'une grande rigueur. En effet, une simple différence entre la mention légale et la mention recopiée par la caution entraîne la nullité automatique du cautionnement. Dans un premier temps la jurisprudence fut sévère et exigeait une stricte correspondance entre les deux. Toutefois la Cour de cassation a assoupli sa position et s'emploie, dans la mesure du possible, à sauver les cautionnements malgré des différences ou des erreurs dans le recopiage de la mention manuscrite. Il y a beaucoup de contentieux sur cette question.

Exemple

Ainsi, le cautionnement n'encourt désormais plus la nullité du seul fait de modifications apportées à la mention manuscrite, à partir du moment où **elles ne changent ni le sens ni la portée de la mention telle qu'exigée par la loi**. La Cour de cassation a admis, par exemple, l'ajout de certains mots (Cass. Civ. 1re, 27 novembre 2013) ou encore le renvoi à l'ancien numéro du texte du Code civil (art. 2021 déplacé à l'article 2298 actuel – même arrêt). Elle a même jugé que l'omission de certains mots n'entraînait pas nécessairement la nullité du cautionnement mais pouvait aboutir à la réduction de l'engagement de la caution : omission des termes « mes biens » et donc réduction de l'engagement aux seuls revenus de la caution (Cass. Com. 1er octobre 2013). Cet arrêt relève que la mention reflétait la parfaite information de la caution sur la portée de son engagement. Désormais les juridictions du fond se livrent à ce contrôle du sens et de la portée des mentions telles que recopiées par la caution.

La **sanction** est une **nullité relative** car le dispositif a pour finalité la protection des intérêts de la caution (Cass. Com. 5 février 2013, Cass. Civ. 1re, 9 avr. 2015). Il en découle que seule la caution peut se prévaloir de cette nullité et que le cautionnement nul en raison d'un défaut relatif aux mentions manuscrites est susceptible de confirmation (CA Grenoble, 12 février 2015).

Domaine des mentions manuscrites. Tous les cautionnements ne sont pas concernés par ce dispositif. Tout d'abord ne sont concernés que les cautionnements consentis par des personnes physiques au profit de créanciers professionnels. Parmi ces cautionnements, sont exclus les avals donnés sur des effets de commerce dans la mesure où ce sont les règles spéciales du droit cambiaire qui s'appliquent (CA Toulouse 8 octobre 2013, Cah. Jur. AMP 2013-3, To.1445 p. 549). De même sont exclus les cautionnements réels qui ne sont pas des cautionnements mais des sûretés réelles pour autrui (cf. supra fiche n° 4). En outre ne sont concernés que les cautionnements souscrits par acte sous seing privé, ce qui exclut les cautionnements conclus par la voie de l'acte authentique ou par la voie de l'acte sous seing privé contresigné par avocat.

Enfin, une limite naturelle à l'exigence de mention manuscrite réside dans l'hypothèse de l'illettrisme de la caution. La Cour de cassation a jugé que, dans ce cas, seule la voie de l'acte authentique puisse être employée (Cass. Civ. 1re, 9 juillet 2015), à laquelle il semble que l'on puisse y adjoindre celle de l'acte contresigné par un avocat.

L'avant-projet de réforme du droit des sûretés propose la généralisation d'un dispositif de mention manuscrite dans le Code civil tout en proposant une rédaction plus libre de la mention (art. 2298 de l'avant-projet).

B. Le caractère unilatéral

Par ailleurs, le cautionnement est fondamentalement un **contrat unilatéral** car il n'y a que la caution qui prenne un engagement à l'égard du créancier (article 1106 nouveau du Code civil). C'est d'ailleurs ce caractère unilatéral du contrat de cautionnement qui détermine l'application de la règle probatoire de l'article 1376 du Code civil (ex. art. 1326). Le cautionnement peut exceptionnellement comporter des engagements réciproques et donc devenir synallagmatique. Tel est le cas si le créancier prend à l'égard de la caution, en contrepartie de la garantie reçue, des engagements positifs comme par exemple le report du terme de la dette ou la diminution du taux d'intérêt. En revanche l'obligation d'information pesant sur le créancier ne transforme pas pour autant le cautionnement en contrat synallagmatique.

C. Le caractère accessoire

Enfin, le **caractère essentiel** du cautionnement est le **caractère accessoire**. Le cautionnement n'a en effet de sens que par référence à une obligation principale dont il a pour objet d'assurer l'exécution. Trois textes du Code civil rappellent ce caractère avec force : l'article 2289 qui exige la validité de l'obligation principale pour que le cautionnement soit lui-même valide, l'article 2290 qui limite l'engagement de la caution à celui du débiteur principal, et enfin l'article 2313 qui permet à la caution d'opposer au créancier toutes les exceptions appartenant au débiteur principal et qui sont inhérentes à la dette. Ainsi donc, Le cautionnement est directement et étroitement dépendant de l'obligation principale : son existence et sa validité, son étendue, les conditions de son exécution et de son extinction sont déterminées par ce lien. L'explication tient au fait que c'est la dette même du débiteur principal que la caution s'oblige à payer. S'il y a bien deux engagements, donc deux liens d'obligation, il n'y a qu'une seule dette. Tout ce qui affecte celle-ci se répercute donc normalement sur l'obligation de la caution.

Il découle d'ailleurs de ce caractère accessoire que le cautionnement est en principe transmis de plein droit en cas de transmission de la créance. Ainsi, l'Assemblée plénière de la Cour de cassation a jugé que « le cautionnement garantissant le paiement des loyers est, sauf stipulation contraire, transmis de plein droit au nouveau propriétaire en tant qu'accessoire de la créance de loyers cédée à l'acquéreur » (AP 6 décembre 1984, n° 03-10713, Bull. n° 14).

L'importance du caractère accessoire est telle qu'il est considéré comme impératif. Par conséquent, si les parties ont réellement entendu contracter un cautionnement, elles ne peuvent écarter les conséquences qui découlent du caractère accessoire.

Un arrêt rendu par la Chambre mixte de la Cour de cassation le 8 juin 2007 est toutefois venu porter un sérieux coup à ce caractère. Dans cette décision, la haute juridiction a jugé que la caution ne pouvait pas opposer au créancier le dol dont a été victime le débiteur principal, une telle exception étant désormais considérée comme étant purement personnelle à ce dernier (Cf. infra fiches 15 et 16). Afin de mieux marquer le caractère accessoire du cautionnement et, ainsi, de revenir sur cette décision très critiquée en doctrine, l'avant-projet de réforme du droit des sûretés propose un nouvel article 2299 dont l'alinéa premier disposerait que « la caution peut opposer au créancier toutes les exceptions, personnelles ou inhérentes à la dette, qui appartiennent au débiteur ».

À ces trois caractères principaux, on peut ajouter, entre autres, le caractère traditionnellement gratuit du contrat de cautionnement lequel, à l'origine, est un service d'ami. Il pourra toutefois devenir à titre onéreux si la caution se fait rémunérer pour l'avantage qu'elle procure, comme c'est le cas des organismes certificateurs.

À retenir

- Le cautionnement est le contrat par lequel une caution s'engage envers un créancier à exécuter l'obligation de son débiteur si celui-ci n'y satisfait pas lui-même.
- Le cautionnement est un contrat accessoire à l'obligation principale et il est en principe unilatéral et consensuel. Il faut le distinguer de l'opération de cautionnement qui implique également le débiteur principal lequel n'est pas partie au contrat de cautionnement.
- Le cautionnement est par principe un contrat consensuel. Toutefois, les mentions manuscrites exigées à peine de nullité par le Code de la consommation tendent de plus en plus à le transformer en contrat formel. La jurisprudence contemporaine s'emploie à assouplir la rigueur des textes concernant l'automaticité de la sanction.

Pour en savoir plus

- A. Cerles et M. Sejean, « Le cautionnement : du Code civil au Code de la consommation ou les illusions de la protection », *Mél.* Ph. Simler, Dalloz-Litec, 2006, p. 273
- D. Grimaud, *Le caractère accessoire du cautionnement*, PUAM, 2001
- G. Piette, « Solutions pour mettre un terme au contentieux relatif aux mentions manuscrites dans le cautionnement », *D.* 2017 p. 1064
- Ph. Simler, « Le cautionnement est-il encore une sûreté accessoire ? », in *Mélanges offerts à G. Goubeaux*, Dalloz-LGDJ, 2009, p. 497
- Ph. Simler, « Démantèlement du caractère accessoire du cautionnement », *JCP G* 2011, suppl. n° 41, étude 8

POUR S'ENTRAÎNER : RÉPONDRE AUX QUESTIONS

1. Le débiteur principal est-il partie au cautionnement ?
2. Le cautionnement est-il un contrat formel ?
3. Le cautionnement est-il un contrat accessoire ?

RÉPONSES

1. Non, il est un tiers au contrat de cautionnement. Il est toutefois un tiers particulier car la caution s'engage à exécuter son obligation s'il n'y satisfait pas lui-même. Il fait donc partie de l'opération de cautionnement.
2. Non. Par principe le cautionnement est un contrat consensuel. Toutefois le Code de la consommation impose des mentions manuscrites dans bon nombre d'hypothèses rendant ainsi le cautionnement de plus en plus formel. Il est d'ailleurs proposé d'en faire un contrat formel.
3. Oui, le cautionnement est accessoire à une dette principale qu'il vient garantir. Il en suit les contours et suit en principe son sort.

Fiche 6
Cautionnement simple

Définitions

Le cautionnement simple ouvre le droit à la caution d'opposer au créancier poursuivant le bénéfice de discussion et le bénéfice de division.

Le bénéfice de discussion est le droit pour la caution simple de demander au créancier poursuivant de saisir et de faire vendre en justice les biens du débiteur principal indiqués par elle.

Le bénéfice de division est le droit pour la caution de demander au créancier poursuivant de diviser ses poursuites entre les divers cofidéjusseurs qui garantissent la même dette.

I. Le bénéfice de discussion

L'article 2298 du Code civil révèle le caractère subsidiaire de l'engagement de la caution en ces termes: « la caution n'est obligée envers le créancier à le payer qu'à défaut du débiteur, qui doit être préalablement discuté dans ses biens ». Toutefois, et dès l'échéance de l'obligation principale, le créancier est en droit de poursuivre la caution sans avoir préalablement poursuivi le débiteur principal. Lorsque le cautionnement est simple, la caution pourra alors lui demander la **discussion** du débiteur principal, c'est-à-dire la saisie et la mise en vente de ses biens. L'article 2299 pose d'ailleurs très clairement que la caution doit expressément se prévaloir du bénéfice de discussion. Ce droit de la caution est enfermé dans des limites précises et ce n'est qu'à certaines conditions qu'il pourra produire ses effets.

S'agissant tout d'abord de la délimitation du bénéfice de discussion, la caution simple ne peut demander la discussion que des seuls biens du débiteur qu'elle garantit et elle ne peut opposer le bénéfice de discussion qu'au seul créancier à l'égard de qui elle s'est engagée. Dès lors, en cas de pluralité de débiteurs principaux, même solidaires pour une même dette, la caution ne pourra pas demander la discussion des biens d'un débiteur qu'elle n'a pas garanti. Le bénéfice de discussion est en principe ouvert à toute caution excepté si la caution y a renoncé ou en cas de stipulation de solidarité de la caution avec le débiteur. D'autres textes et la jurisprudence ont réduit le champ d'application de la règle, de sorte que les exceptions sont plus nombreuses que les applications.

Le bénéfice de discussion est soumis à certaines **conditions** posées par les articles 2299 et 2300 du Code civil. La caution qui l'invoque doit se plier à trois obligations précises montrant que l'invocation de ce droit par la caution ne saurait toutefois porter préjudice au créancier et réduire à néant le but de garantie du cautionnement :

- La caution doit requérir le bénéfice de discussion dès les premières poursuites engagées par le créancier.
- La caution doit indiquer au créancier les biens du débiteur susceptibles d'être discutés
- La caution doit faire l'avance des frais de la discussion.

Si ces conditions sont remplies, le bénéfice de discussion produira ses **effets** à l'égard du créancier et à l'égard de la caution. Certains effets se produisent une fois seulement la discussion achevée.

Tout d'abord, ce n'est pas parce que la caution a valablement pu opposer le bénéfice de discussion que le créancier est pour autant obligé de poursuivre le débiteur principal. Il ne faut toutefois pas que l'absence de poursuites envers ce dernier nuise à la caution. L'article 2301 du Code civil fait en effet peser sur le créancier une **responsabilité au bénéfice de la caution** en cas d'insolvabilité du débiteur principal survenue à la suite du défaut de poursuite et ce jusqu'à concurrence de la valeur des biens indiqués. Comme toute responsabilité, l'article 2301 suppose la démonstration d'une faute du créancier, d'un préjudice subi par la caution et d'un lien de causalité. Il y aura faute en cas de retard ou de négligence dans les poursuites. Par ailleurs, la caution doit avoir subi un préjudice. Tel ne sera pas le cas si malgré des poursuites plus diligentes, la discussion n'aurait pas permis le désintéressement du créancier, ce qui aurait entraîné de toute manière la mise en œuvre du cautionnement. Enfin, si la preuve du préjudice et de la faute est rapportée, on admet une apparence de causalité et le créancier pourra se défendre en démontrant l'absence de rôle causal de sa faute, en démontrant par exemple que des poursuites plus diligentes n'auraient pas rapporté un produit supérieur. Précisions que si la faute du créancier est seulement à l'origine d'une diminution du produit des poursuites, la caution ne sera libérée qu'à concurrence, non seulement de la somme effectivement obtenue par le créancier, mais aussi de la moins-value subie par les biens depuis l'époque où les poursuites auraient dû être diligentées. Le préjudice doit donc être la mesure exacte de la libération de la caution qui restera tenue pour le surplus.

Par ailleurs, l'exercice du bénéfice de discussion suspendra les poursuites engagées contre la caution. Si par exemple le créancier avait déjà pris des mesures d'exécution contre elle, ces mesures devront être levées et le créancier ne pourra plus invoquer la compensation avec une créance que la caution aurait contre lui. Les mesures conservatoires pourront toutefois être maintenues car elles peuvent être demandées avant toute action en paiement.

Enfin, Les poursuites contre la caution peuvent reprendre si la discussion du débiteur n'a pas procuré au créancier un paiement intégral. La caution n'est donc pas libérée par la mise en jeu du bénéfice de discussion. Si la discussion s'est avérée inefficace, que ce soit totalement ou seulement pour partie, la caution risque même de devoir payer davantage en raison du cours des intérêts et des frais exposés. La libération ne sera effective que si – et dans la mesure où – la discussion des biens du débiteur aura permis au créancier d'être payé.

Par application de l'article 1343-1 nouveau du Code civil (ancien 1254), si le produit de la discussion est insuffisant, les sommes recueillies s'imputent d'abord sur les intérêts de la dette, s'il en est dû, et ensuite seulement sur le capital. Si la dette n'était garantie par la caution que pour partie, c'est sur la partie non garantie de la dette que s'impute, sauf convention contraire, le paiement partiel. Une discussion partiellement utile peut donc, dans un tel cas, laisser subsister intégralement l'obligation de la caution.

Figure 3

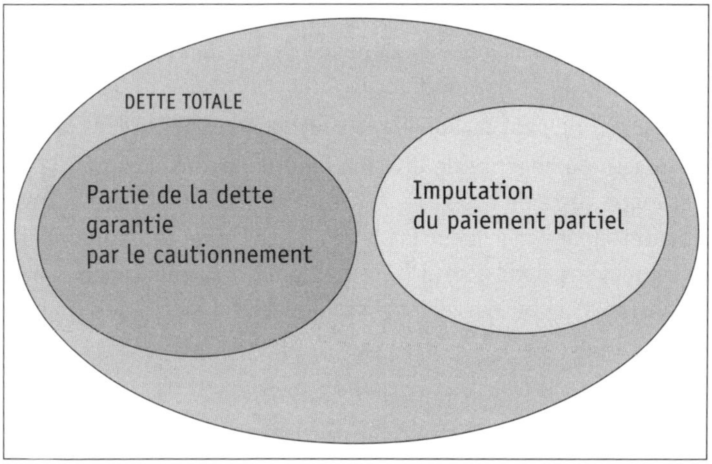

II. Le bénéfice de division

Le bénéfice de division suppose qu'une même dette est garantie par plusieurs cautions simples que l'on appelle également **cofidéjusseurs**. Selon les termes de l'article 2302 du Code civil, « *lorsque plusieurs personnes se sont rendues cautions d'un même débiteur pour une même dette, elles sont obligées chacune à toute la dette* ». Cette disposition fait exception au principe selon lequel l'obligation, en cas de pluralité de débiteurs, se divise de plein droit entre eux. Cela traduit l'intention probable des parties au contrat de cautionnement et fait écho à l'article 2288, aux termes duquel la caution – donc chacune des cautions – s'est obligée à satisfaire à l'obligation du débiteur en cas de défaillance de sa part.

Mais cette obligation au tout qui pèse sur les cofidéjusseurs n'équivaut pas à la stipulation de solidarité, qui doit être expressément prévue en matière civile. Si chaque caution simple est tenue pour le tout, elle jouit toutefois du **bénéfice de division**. L'article 2303 donne en effet la possibilité aux cautions simples, d'exiger «*que le créancier divise préalablement son action, et la réduise à la part et portion de chaque caution*». Cette possibilité évite ainsi à un seul des cofidéjusseurs de supporter, même provisoirement, la totalité de la dette. Cela lui évite également d'avoir à exercer des recours en contribution contre les autres cofidéjusseurs. D'une manière générale, le bénéfice de division évite à la caution poursuivie de s'exposer à l'insolvabilité des autres cofidéjusseurs qui pourrait survenir postérieurement à l'exercice de son recours en contribution.

Dès lors que plusieurs cautions simples ont garanti la même dette, chacune peut invoquer le bénéfice de division, qu'elles se soient obligées par un même acte ou par des actes distincts, au même moment ou à des dates différentes, en ayant connaissance des engagements des autres ou dans l'ignorance de ceux-ci. Le bénéfice de division est toutefois écarté dans deux cas: la renonciation et la stipulation de solidarité.

Une fois valablement invoqué, le bénéfice de division produit deux effets principaux:

- Le créancier ne peut réclamer à la caution que sa part dans la dette.
- L'admission du bénéfice de division détermine le moment où la caution qui l'a invoqué cesse de supporter le risque d'insolvabilité des autres cautions. Elle arrête, par conséquent les bases de calcul de sa part contributive. Ces bases peuvent donc être différentes pour d'autres cautions ayant requis la division à un autre moment, si, dans l'intervalle, l'une d'entre elles est devenue insolvable.

À retenir

- Le cautionnement simple ouvre droit, à la caution, d'invoquer le bénéfice de discussion et le bénéfice de division face créancier qui lui réclame paiement.
- Le bénéfice de discussion permettra à la caution de demander à ce que le créancier poursuive préalablement le débiteur principal sur des biens indiqués par elle. Le bénéfice de discussion lui donnera droit à une action en responsabilité envers le créancier si celui-ci a été négligent dans l'exercice des poursuites et qu'elle en a subi un préjudice.

- Le bénéfice de division permet, en cas de pluralité de cautions simples pour une même dette, que l'une d'entre elles exige du débiteur qu'il divise ses poursuites entre les différentes cautions pourtant obligées à la totalité de la dette garantie.

Pour en savoir plus

- Ph. Simler, « Les différentes sortes de cautionnement », *J.-Cl. Civil*, art. 2288 à 2320, fasc. 15

POUR S'ENTRAÎNER : QUESTIONS DE COURS

1. À quelles conditions la caution simple peut-elle se prévaloir du bénéfice de discussion ?
2. Lorsque la caution simple se prévaut du bénéfice de discussion, le créancier est-il tenu de le mettre en œuvre ?

RÉPONSES

1. Trois conditions doivent être respectées : 1° le bénéfice de discussion doit être sollicité dès les premières poursuites engagées par le créancier, 2° la caution doit indiquer au créancier les biens du débiteur susceptibles d'être discutés, et 3° elle doit faire l'avance des frais de la discussion.
2. Non, mais si en ne poursuivant pas le débiteur il cause un préjudice à la caution, celle-ci pourra engager la responsabilité du créancier sur le fondement de l'article 2314 du Code civil.

Fiche 7
Cautionnement solidaire

Définition

Le cautionnement solidaire est le cautionnement dans lequel le débiteur principal et la caution sont liés par la solidarité. La caution ne pourra alors opposer au créancier ni le bénéfice de discussion, ni le bénéfice de division.

I. Le domaine et la formation du cautionnement solidaire

L'intérêt du cautionnement solidaire est d'augmenter l'efficacité de la sûreté dans la mesure où certains mécanismes protecteurs de la caution sont paralysés. Pour cette raison, le créancier demandera que le cautionnement soit stipulé solidaire le plus souvent possible, c'est-à-dire dans la plupart des hypothèses de cautionnements conventionnels. Le cautionnement d'origine légale étant lui-même de plus en plus solidaire, le cautionnement solidaire se retrouve fréquemment en pratique.

Le Code civil ne traite de la solidarité du cautionnement que d'une manière relativement sibylline puisque l'article 2298 se borne à opérer un renvoi aux principes établis pour les dettes solidaires.

La solidarité ne se présume pas en matière civile, le Code civil exigeant qu'elle soit expressément stipulée (article 1202 ancien, 1310 nouveau). La règle est inverse en matière commerciale où, en vertu d'un usage, la solidarité est présumée entre commerçants (Cass. Com. 28 avr. 1966, cf. infra fiche n° 8). En raison des effets rigoureux du cautionnement solidaire, le législateur a prévu un certain nombre de règles de formes protectrices des cautions.

En premier lieu, lorsque la caution garantit une opération de crédit à la consommation ou un crédit immobilier, l'article L. 314-16 (ancien article L. 313-8) du Code de la consommation issu de la loi du 31 décembre 1989 a érigé en condition de validité, non seulement de la stipulation de solidarité mais aussi de l'engagement même de la caution, l'insertion non seulement d'une mention manuscrite relative à l'engagement en qualité de caution, mais également l'insertion d'une seconde mention manuscrite destinée à faire prendre conscience à la caution de la signification de la solidarité. En second lieu, les articles L. 331-2 et L. 343-2 (ancien L. 341-3) du Code de la consommation étendent le domaine de l'ancien article L. 313-8 en en rendant les dispositions applicables à tout cautionnement solidaire souscrit par une personne physique envers un créancier professionnel. Ces derniers textes recouvrent la majorité des hypothèses de cautionnement en pratique.

La sanction est rigoureuse : si la mention n'est pas recopiée selon les exigences légales, alors l'engagement de la caution est nul. La Cour de cassation cherche toutefois à assouplir la sanction. En effet, la Chambre commerciale a estimé que, en cas de respect des dispositions de l'article L. 341-2 (désormais L. 343-1) du Code de la consommation mais d'inobservation des dispositions de l'article L. 341-3 (désormais L. 343-1) du même Code, le cautionnement ne vaut pas en tant que cautionnement solidaire mais reste valable en tant que cautionnement simple (Cass. Com. 8 mars 2011, JCP ed. E. 2011, p. 1270, note D. Legeais).

II. Les effets du cautionnement solidaire

Lorsqu'il est question de cautionnement solidaire, ce sont en réalité plusieurs cas de figure qui peuvent se poser.

Le **cautionnement solidaire à proprement parler** instaure la **solidarité entre la caution et le débiteur principal**. L'effet principal de la solidarité est ici de retirer à la caution le bénéfice de discussion et le bénéfice de division (cf. fiche 6). Le créancier pourra alors poursuivre aussi bien le débiteur principal que la caution sans que l'on puisse lui opposer le bénéfice de discussion, et en cas de pluralité de cautions solidaires, chacune sera tenue de payer la totalité de la dette sans qu'elle puisse demander le bénéfice de division. À cet effet principal s'ajoutent des effets secondaires : les poursuites contre l'un des coobligés solidaires interrompent la prescription à l'égard de tous en application de l'article 1313 du Code civil (ancien article 1202), la mise en demeure à l'égard de l'un des coobligés solidaire vaut à l'égard de tous (Cass. Civ. 1re, 14 juin 2005, *JCP* 2006, I, 131 n° 4), ce qui a été jugé entre le créancier et le débiteur principal est opposable aux cautions solidaires ou par elles.

La deuxième hypothèse recouvre la **solidarité des cofidéjusseurs entre eux**. En effet, s'il y a plusieurs cautions, celles-ci peuvent s'engager solidairement envers le créancier mais sans que la solidarité n'embrasse leurs rapports avec le débiteur principal. L'article 2298 ne s'applique pas ici. Ces cautions sont alors traitées comme des cautions simples, excepté dans les rapports entre elles. L'effet principal réside en ce qu'elles peuvent opposer au créancier poursuivant le bénéfice de discussion mais qu'elles sont privées du bénéfice de division.

D'autres manières d'employer la solidarité peuvent être imaginées comme par exemple une combinaison entre la solidarité caution-débiteur et la solidarité entre certains cofidéjusseurs mais pas tous. On peut également imaginer une solidarité entre chaque cofidéjusseur et le débiteur principal sans qu'il y ait solidarité des cofidéjusseurs entre eux, chacun ne garantissant que des parties distinctes de l'obligation principale (par exemple Cass. Com. 28 janvier 1997, *RJDA* 1997, n° 842 : deux sociétés s'étaient portées cautions solidaires pour un crédit, respectivement à concurrence de 70 % et 30 %).

En toute hypothèse, la solidarité repose sur la volonté des parties qui, selon l'article 1310 du Code civil (ancien 1202), doit être expresse. La Cour de cassation a ainsi refusé l'extension d'une clause de solidarité contenue dans un acte de cautionnement à d'autres cautionnements consentis pour la même dette dans des actes distincts, à des moments distincts, les différentes cautions étant dans l'ignorance de l'engagement des autres (Cass. Civ. 1re, 23 juin 1992, *Bull. civ.* I, n° 192 ; *JCP G* 1993, II, 22134 ; *Def.* 1992, art. 35408, p. 1536, obs. Aynès).

À retenir

- La solidarité permet d'accorder davantage de garanties au créancier car, lorsqu'elle est stipulée entre le débiteur principal et la caution, celle-ci ne pourra opposer le bénéfice de discussion et le bénéfice de division.
- La solidarité doit être expressément stipulée en matière civile, des textes spéciaux venant renforcer la protection de la caution dans certains cas.
- En cas de non-respect de l'exigence de mention manuscrite relative à la solidarité, la loi prévoit la nullité du cautionnement. Toutefois la Cour de cassation estime que si les autres conditions de formations sont respectées, il vaudra cautionnement simple.
- Lorsque la solidarité est stipulée entre cofidéjusseurs, seul le bénéfice de division ne pourra être opposé au créancier, la solidarité les obligeant chacun à payer toute la dette tout en pouvant opposer le bénéfice de discussion.

Pour en savoir plus

- J.-F. Barbieri, « Menaces sur la clause de solidarité dans les cautionnements authentiques », *JCP N* 2010, 1231
- A. Cerles, « La mention manuscrite du Code de la consommation : une source de protection source de contentieux », *RD bancaire et fin.* 2012, dossier 39
- A. Cerles et M. Sejean, « Le cautionnement : du Code civil au Code de la consommation ou les illusions de la protection », *Mél. Ph. Simler*, Dalloz-Litec, 2006, p. 273
- D. Legeais, « Le Code de la consommation, siège d'un nouveau droit commun du cautionnement », *JCP E* 2003, 1433
- V. Fiche n° 6

POUR S'ENTRAÎNER : QUESTIONS DE COURS

1. Quelle est la sanction du défaut de mention manuscrite dans un cautionnement soumis au Code de la consommation stipulé solidaire ?
2. Quelles sont les principales différences entre le cautionnement simple et le cautionnement solidaire ?

RÉPONSES

1. Aussi bien l'article L. 314-16 que l'article L. 331-2 du Code de la consommation prévoient que le défaut de mention manuscrite est sanctionné par la nullité du cautionnement. La sanction est rigoureuse car le cautionnement ne vaut normalement même pas cautionnement simple : il est nul. Toutefois la cours de cassation a jugé en 2011 que le cautionnement était valable en tant que cautionnement simple.
2. La caution simple peut tout d'abord, et à certaines conditions, se prévaloir du bénéfice de discussion. La solidarité empêche cela puisque le créancier peut réclamer le paiement à la caution solidaire sans s'adresser d'abord au débiteur garanti. En outre, en cas de pluralité de cautions solidaires, chacune peut être poursuivie pour la totalité de la dette car elles ne peuvent pas opposer le bénéfice de division au créancier, à la différence des cautions simples qui peuvent l'obliger à diviser ses poursuites entre elles.

Fiche 8

Les différents types de cautionnement

Définitions

Le cautionnement légal est un cautionnement prévu expressément par la loi et visant la protection d'intérêts précis.

Le cautionnement judiciaire est un cautionnement prévu par un texte donnant la possibilité au juge d'exiger, dans certains cas, la fourniture d'un cautionnement.

I. Les modes de formation du cautionnement

Aux termes de l'article 2317 du Code civil, une personne peut être « obligée, par la loi ou par une condamnation, à fournir une caution ». La fonction d'un tel cautionnement légal ou judiciaire traduit une hiérarchie des intérêts : estimant que certains intérêts méritent une plus grande protection que d'autres, la loi va subordonner l'exercice ou l'obtention de certains droits à la fourniture d'une caution ou va donner au juge le pouvoir d'exiger la fourniture d'un cautionnement.

La distinction entre cautionnement conventionnel, légal ou judiciaire se traduit par des différences réelles. Mais attention : le **cautionnement, même lorsqu'il est dit légal ou judiciaire, requiert toujours la conclusion d'un contrat entre une caution et le créancier.** La différence réside en ce que la fourniture de la caution procède tantôt d'un accord entre le débiteur et le créancier (cautionnement conventionnel), tantôt d'une obligation légale (cautionnement légal), tantôt d'une décision de justice (cautionnement judiciaire).

Le cautionnement d'origine purement conventionnelle peut être mis en place sans dans les cas les plus variés. En revanche, le cautionnement légal suppose qu'il soit prévu par un texte et le cautionnement judiciaire ne peut avoir lieu que dans les cas où la loi donne un tel pouvoir au juge.

II. Cautionnement légal et cautionnement judiciaire

A. Le cautionnement légal

Les hypothèses de cautionnement légal sont nombreuses. Quelques exemples doivent toutefois être connus. Divers textes prévoient la fourniture d'une caution, tantôt de manière systématique dès lors que la personne visée entend bénéficier d'un droit ou d'un statut donné, tantôt à l'initiative du créancier. Parfois, l'option est laissée au débiteur entre la fourniture d'une caution ou la fourniture d'une sûreté réelle. On trouve de tels cautionnements dans le Code civil notamment, aux articles 601 et 626 qui imposent à l'usufruitier et au bénéficiaire d'un droit d'usage et d'habitation l'obligation de donner caution, sauf dispense légale ou conventionnelle, à l'article 1613 qui dispense le vendeur de l'obligation de délivrance si, depuis la vente, l'acheteur est tombé en faillite ou en déconfiture, à moins que celui-ci ne lui donne caution de payer au terme, ou encore à l'article 1799-1 relatif à la construction.

D'autres textes hors du Code civil prévoient également la fourniture d'une caution. Par exemple, les articles L. 1251-49 à 1251-52 du Code du Travail exigent de toute entreprise de travail temporaire la justification d'une garantie financière du paiement de tous salaires, indemnités et cotisations. Cette garantie ne peut résulter que d'un engagement de caution pris par une société de caution mutuelle, un organisme de garantie collective, une compagnie d'assurance, une banque ou un établissement financier habilité à donner caution. Enfin, divers articles du Code de la construction et de l'habitation prévoient l'exigence d'une garantie de bonne fin pouvant consister en un cautionnement solidaire délivré par un établissement de crédit, une entreprise d'assurance ou une société de caution mutuelle (Art. R. 213-6, R. 213-7, R. 222-8, R. 222-9, R. 222-11, R. 261-17).

S'agissant du **régime du cautionnement légal**, l'article 2317 du Code civil dispose que ces cautions doivent remplir les conditions prescrites par les articles 2295 et 2296, c'est-à-dire les conditions de solvabilité et de domicile (cf. fiche n° 11).

Par ailleurs il est possible que lorsque la fourniture d'une caution est imposée par la loi ou le juge, il se peut que l'intéressé ne soit pas en mesure d'obtenir ce concours d'un tiers complaisant, même moyennant rémunération. L'article 2318 lui permet alors de fournir une autre sûreté équivalente : « Celui qui ne peut pas trouver une caution est reçu à donner à sa place un gage en nantissement suffisant ». Dans la mesure où la preuve de l'impossibilité de fournir une caution est très difficile à rapporter, on s'accorde en général pour considérer que le débiteur a, dès l'origine, le choix entre les deux options.

B. Le cautionnement judiciaire

Le cautionnement judiciaire est celui que le juge peut exiger d'un débiteur dès lors qu'un texte l'y autorise. Ici, la loi délègue au juge le pouvoir de décider de l'établissement d'un cautionnement de sorte que l'on peut dire que le cautionnement judiciaire est une variété particulière de cautionnement légal. Les principaux textes prévoyant un tel cautionnement sont l'article 277 du Code civil (qui donne pouvoir au juge d'imposer à l'époux débiteur d'une prestation compensatoire, indépendamment de l'hypothèque légale ou judiciaire, l'obligation « de donner caution ou de souscrire un contrat garantissant le paiement de la rente ou du capital »), les articles 517 et suivants du Code de procédure civile (aux termes desquels l'exécution provisoire des jugements peut être subordonnée par décision du juge à la constitution d'une garantie réelle ou personnelle) ou encore l'article 2 du décret n° 80-367 du 19 mai 1980 (« Lorsqu'une personne morale de droit public se pourvoit en cassation contre une décision la condamnant à verser une indemnité à une personne privée, le Premier président de la cour d'appel statuant en référé, peut, à la demande de la personne morale de droit public, subordonner l'exécution de la décision à la constitution d'une garantie, réelle ou personnelle, suffisante pour répondre de toutes restitutions ou réparations »).

S'agissant de son **régime**, le cautionnement judiciaire emprunte à celui du cautionnement légal auquel il est renvoyé. Toutefois, l'article 2319 du Code civil prévoit que la caution judiciaire ne pourra opposer le bénéfice de discussion au débiteur principal, solution qui est justifiée par l'autorité du jugement ordonnant la fourniture d'une caution. En effet, ce jugement ne doit pas voir son exécution suspendue par le jeu du bénéfice de discussion. L'article 2320 étend la même règle au certificateur de caution, c'est-à-dire celui qui a cautionné la caution judiciaire (V. fiche n° 17).

III. Cautionnement civil et cautionnement commercial

A. La qualification du cautionnement

Le cautionnement est, par principe, un **contrat civil** (Cass. Com. 24 nov. 1966). Pour être qualifié de contrat commercial, un cautionnement devra donc remplir un critère de commercialité. La jurisprudence retient quatre critères.

Commercialité par nature. Selon ce critère, est commercial le cautionnement qui est, par nature, une opération commerciale. C'est le cas du cautionnement bancaire, c'est-à-dire celui qui est pratiqué à titre habituel par des établissements financiers. Ces cautionnements sont des opérations de crédit (art. L. 313-1 du Code monétaire et financier), lesquelles sont commerciales par nature (art. L. 110-1, 7° du Code de commerce).

Commercialité par la forme. Pour une jurisprudence classique, l'aval donné sur un effet de commerce est un cautionnement commercial par la forme (Cass. Civ. 21 avr. 1869 ; Cass. Com. 1er octobre 1996). Cette analyse semble toutefois remise en question par la Cour de cassation, qui entend distinguer plus soigneusement l'aval et le cautionnement (Cass. Civ. 1re, 19 déc. 2013, *D.* 2014. 518, note J. Lasserre-Capdeville et G. Piette ; *JCP* 2014, p. 1078, n° 21, obs. Ph. Simler ; *RLDC* févr. 2014, p. 39, obs. Clavel-Thoraval ; *Lexbase Hebdo, éd. Affaires*, n° 366, note F. Julienne).

Commercialité par accessoire. Selon ce troisième critère, le cautionnement devient commercial lorsqu'il est donné par la caution pour les besoins de son commerce (Cass. Com. 5 déc. 1967). Il est alors nécessaire que la caution ait agi dans l'exercice ou pour l'intérêt de son activité commerciale.

Intérêt personnel de la caution. Selon ce critère élaboré par la jurisprudence, et spécifique au cautionnement, un cautionnement est commercial si la caution a personnellement un intérêt patrimonial à la réalisation de l'opération principale (Req. 31 janv. 1872). L'idée derrière ce critère est de rendre commercial le cautionnement fourni par les dirigeants de SA ou de SARL en garantie des dettes de leur société. Bien qu'il s'agisse de sociétés commerciales, ces dirigeants ne sont pas, en cette seule qualité, commerçants. La commercialité par intérêt personnel de la caution permet alors de qualifier leur engagement de commercial, et donc de faire peser la responsabilité économique de l'affaire sur celui qui en est le plus directement maître. Ce critère est toutefois fortement critiqué doctrine en raison de son imprécision laquelle rend les solutions jurisprudentielles très circonstanciées.

B. Conséquences

Les conséquences de la qualification civile ou commerciale du cautionnement sont celles découlant habituellement de la distinction entre les actes civils et les actes commerciaux. Ainsi, si le cautionnement est commercial, la solidarité est présumée (Cass. Com. 28 avr. 1966), les juridictions commerciales sont compétentes (art. L. 721-3, 3° du Code de commerce), les clauses compromissoires sont valables (art. 2061 du Code civil). En outre, si toutes les parties au contrat de cautionnement ont la qualité de commerçant, le cautionnement pourra être prouvé par tous moyens (art. L. 110-3 du Code de commerce) et les clauses attributives de compétence territoriale seront valables (art. 48 du Code de procédure civile).

À retenir

- Le cautionnement peut être imposé par la loi ou par le juge si la loi lui en donne le pouvoir. Bien sûr, le cautionnement peut être également d'origine conventionnelle. Dans tous les cas un contrat de cautionnement sera conclu.
- Le cautionnement légal et le cautionnement judiciaire ne recouvrent que des cas précis et certaines règles leur sont spécifiques.
- Le cautionnement est par principe civil.
- Le cautionnement est de nature commerciale s'il remplit l'un des quatre critères de commercialité : nature, forme, accessoire ou intérêt personnel de la caution.

Fiche 9
La formation du cautionnement : capacité et pouvoir

I. La capacité de se porter caution
II. Le pouvoir de cautionner

Étant un contrat, le cautionnement est soumis aux règles de droit commun qui exigent la capacité de s'engager. À cette question habituelle, il faut ajouter celle du pouvoir de cautionner.

I. La capacité de se porter caution

La capacité du créancier ne pose en général pas de difficultés puisque le cautionnement étant en principe un contrat unilatéral, le créancier n'engage pas son patrimoine envers la caution.

S'agissant de la caution, il faut que celle-ci ait la **capacité de disposer.** La caution assume en effet un risque grave dans un intérêt qui n'est pas le sien et engage pour ce faire l'intégralité de son patrimoine. Cette condition du droit commun des contrats est expressément rappelée par l'article 2295.

S'agissant du **mineur non émancipé** ou du **majeur sous tutelle**, l'article 509, 1° du Code civil issu de la réforme du 5 mars 2007 dispose ainsi que «*le tuteur (d'un mineur ou d'un majeur) ne peut, même avec une autorisation… (constituer) une sûreté pour garantir la dette d'un tiers*». Le **mineur émancipé** peut se porter caution, avec la réserve toutefois qu'il ne pourra s'engager dans un cautionnement à caractère commercial qu'à la condition que le juge l'aura autorisé à être commerçant (article L. 121-2 du Code de commerce tel qu'il résulte de la loi du 15 juin 2010 relative à l'E.I.R.L.). Le majeur en **curatelle** «*ne peut, sans l'assistance de son curateur, faire aucun acte qui, en cas de tutelle, requerrait une autorisation du juge ou du conseil de famille*» (article 467 du Code civil tel qu'issu de la loi du 5 mars 2007). Enfin, Aucun texte relatif au régime de la **sauvegarde de justice** n'évoque le sort du cautionnement. La personne placée sous ce régime conserve l'exercice de ses droits (article 491-2 et nouvel art. 435 du Code civil) et peut donc, en principe, valablement se porter caution. Mais ses actes pourront être rescindés pour simple lésion ou réduits en cas d'excès lors même qu'ils ne pourraient être annulés en vertu de l'article 414-1.

II. Le pouvoir de cautionner

Plus délicate est la question du pouvoir. Deux situations particulières peuvent se présenter : celle de l'engagement comme caution d'une société par ses dirigeants d'une part, celle de l'époux caution marié sous le régime de la communauté d'autre part.

A. Le cas des époux mariés sous le régime de la communauté légale

Dans l'hypothèse où un époux commun en bien se porte caution au profit d'un tiers se pose la question de savoir quelle sera l'incidence de son engagement sur les biens communs. La solution de principe consiste à retenir la validité du cautionnement mais à limiter les droits du créancier aux seuls biens propres de l'époux qui s'est engagé comme caution si l'autre n'a pas donné son accord.

Le cautionnement est en effet un engagement personnel. Sauf en cas de vice dans sa formation, l'acte sera valable. Mais le jeu de l'**article 1415** du Code civil vient restreindre les droits du créancier bénéficiaire : « *Chacun des époux ne peut engager que ses biens propres et ses revenus, par un cautionnement (ou un emprunt), à moins que ceux-ci n'aient été contractés avec le consentement exprès de l'autre conjoint qui, dans ce cas, n'engage pas ses biens propres.* » Le seul moyen pour engager des biens communs dans un cautionnement souscrit par l'un seul des époux est alors d'obtenir le consentement de l'autre à cette extension du droit de gage du créancier. Cet accord ne doit remplir aucune forme particulière, mais il doit être clair et certain. En outre il n'entraîne pas l'engagement personnel de l'époux non caution, raison pour laquelle, nous dit la Cour de cassation, ce consentement n'est pas soumis aux dispositions de l'ancien article 1326 du Code civil devenu l'article 1376 (Cass. civ. 1re, 13 nov. 1996 : *Bull. civ. I*, 1996, n° 392).

B. Le cautionnement par une société

La question est ici celle de l'étendue des pouvoirs d'un dirigeant pour engager sa société en tant que caution. Le cautionnement ne sera valable que s'il a été souscrit conformément à certaines règles et précautions.

D'une façon générale, les personnes morales sont soumises au **principe de spécialité** selon lequel leurs activités sont limitées aux domaines et objets en vue desquels elles ont été créées. Il en découle que le pouvoir des dirigeants est limité par ce principe et que si le cautionnement n'est conforme, d'une manière ou d'une autre, à l'objet social, il sera nul en tant qu'acte excédant les pouvoirs du dirigeant. La jurisprudence contemporaine tempère toutefois la rigueur de ce principe en admettant la validité de l'acte dépassant le pouvoir des dirigeants à condition que cet acte ne soit pas contraire à l'intérêt de la société.

Exemple

La Cour de cassation a ainsi estimé, dans le cadre d'une SNC, que n'étaient pas nuls les cautionnements en cause dans la mesure où ils avaient été donnés avec l'accord unanime de tous les associés lors d'une assemblée générale extraordinaire et qu'il n'était pas établi que ces garanties étaient contraires à l'intérêt social (Cass. Com., 18 mars 2003, Bull. IV n° 46. Pour une SARL, cf. Cass. Com. 17 décembre 2003, n° 02-11245).

Il faut en outre faire application de **règles particulières** dans les **SARL** et les **SA**. Il est en effet interdit aux dirigeants autres que les personnes morales de faire cautionner par la société leurs engagements envers les tiers, sauf si la société exploite un établissement financier et qu'il s'agit d'une opération courante contractée à des conditions normales (art. L. 223-21 du Code de commerce pour les SARL et L. 225-43 et L. 225-91 pour les SA). Le domaine de l'interdiction n'est toutefois pas exactement le même dans les deux types de sociétés. S'il est donné, un tel cautionnement est nul, de nullité absolue. En outre, dans les SA, le cautionnement devra passer par la procédure des conventions réglementées de l'article L. 225-38 s'il intervient entre la société et l'un de ses administrateurs ou directeurs généraux et celles à laquelle les mêmes personnes sont indirectement intéressées ou qui sont passées avec des sociétés ou entreprises dont elles sont propriétaires, associés indéfiniment responsables ou dirigeants.

À retenir

- La caution doit avoir la capacité de disposer car elle s'engage sur l'ensemble de son patrimoine.
- Lorsqu'une personne mariée sous le régime de la communauté légale s'engage comme caution, elle n'engage que ses biens propres. Les biens de la communauté ne feront partie du droit de gage du créancier bénéficiaire que si le conjoint a donné son accord.
- Une société ne peut être engagée comme caution que lorsque le principe de spécialité tempéré par l'intérêt social est respecté. Il s'agit également de se conformer aux règles propres aux SA et aux SARL.
- La caution ne peut être valablement engagée que si son consentement est libre et éclairé. Elle peut essayer d'obtenir la nullité du cautionnement si elle démontre qu'elle s'est obligée sous l'emprise d'une erreur, d'un dol ou d'une violence.

Pour en savoir plus

- Ph. Dupichot, *Le pouvoir des volontés individuelles en droit des sûretés, éd. Panthéon-Assas, 2005, préf. Grimaldi.*
- G. Piette, «Cautionnement et intérêt social. Les implications réciproques», *JCP G 2004, I, 142*
- Ph. Schultz, *L'associé cautionné par sa société et l'intérêt social,* Mél. Simler, Dalloz-Litec 2006, p. 429
- Ph. Simler, «Histoire d'une impasse: la sanction du défaut d'autorisation des cautions, avals ou garanties consentis pour le compte des sociétés par actions», *Mél. D. Schmidt,* éd. Joly, 2005, p. 449
- F. Vauville, «Article 1415: les armes du débat judiciaire», *Dr et patr.* janv. 1999, p. 64

POUR S'ENTRAÎNER

1. Une caution mariée sous le régime de la communauté peut-elle engager les biens communs?
2. Un dirigeant social est-il libre d'engager sa société en qualité de caution?

RÉPONSES

1. Elle le peut, à condition que son conjoint ait accepté l'engagement. Dans le cas contraire, les droits du créancier sont limités aux biens propres de la caution. En toute hypothèse, les biens propres du conjoint de la caution échappent au créancier, à moins que le conjoint ne se soit porté cofidéjusseur.
2. Non. Le dirigeant devra respecter le principe de spécialité, et les règles spécifiques prévues dans les SA et SARL.

Fiche 10
La formation du cautionnement : protection du consentement

Comme dans tout contrat, pour que le cautionnement soit valablement formé, le consentement des parties doit être intègre. Deux moyens permettent d'assurer un consentement intègre : un moyen préventif à travers une obligation d'information, un moyen curatif à travers la sanction des vices du consentement. Dans un contrat unilatéral, la question des vices du consentement concerne principalement la partie qui s'engage, ici la caution.

I. L'obligation d'information

En amont de la conclusion du contrat, la loi cherche à éviter tout vice du consentement par diverses obligations d'information.

A. Le fondement de l'obligation d'information

Les créanciers sont de plus en plus soumis à des obligations d'information vis-à-vis des cautions. Une telle obligation a été d'abord consacrée par la jurisprudence avant de l'être par de nombreux textes spéciaux, puis enfin d'être généralisée par la réforme du 10 février 2016.

La jurisprudence a tôt admis qu'une obligation de renseignement pouvait peser sur le créancier à l'égard de la caution, par application des principes généraux du droit des contrats, spécialement de celui de leur exécution de bonne foi. De même, sur le fondement de l'ancien article 1116 du Code civil, la jurisprudence a dégagé une obligation de contracter de bonne foi. Un manquement à cette obligation peut ainsi entraîner la nullité du contrat pour réticence dolosive. Toutefois, la difficulté réside dans la preuve de l'intention de l'auteur du dol. Pour cette raison, la jurisprudence a d'abord dégagé une obligation générale de contracter de bonne foi (consacrée au nouvel article 1104 du Code civil) puis une obligation d'information dans certains cas.

L'ordonnance du 10 février 2016 a introduit un article 1112-1 dans le Code civil **systématisant l'obligation d'information** et la généralisant à tous les contrats. Le **domaine** de cette obligation d'information est néanmoins **limité**. Tout d'abord l'information n'est due que si deux conditions sont réunies : 1° l'information doit avoir une importance déterminante pour l'autre partie, 2° l'autre partie doit ignorer cette information légitimement ou faire confiance à son cocontractant. Il reviendra à la jurisprudence de préciser ces conditions, notamment s'agissant du caractère déterminant, l'information ayant une importance déterminante étant définie par l'article 1112-1 nouveau comme étant celle qui « a un lien direct et nécessaire avec le contenu du contrat ou la qualité des parties ». Ensuite, le « devoir d'information ne porte pas sur l'estimation de la valeur de la prestation » (art. 1112-1 al. 2). Cet alinéa vient transposer une jurisprudence bien connue (Cass. Civ. 1re, 30 mai 2000, arrêt « Baldus »). Il entre en résonance avec le nouvel article 1136 qui dispose que l'erreur sur la valeur n'est pas une cause de nullité du contrat (cf. infra).

Cette obligation d'information est impérative, les parties ne peuvent l'écarter ou la limiter (art. 1112-1 al. 5 nouveau).

B. Le contenu de l'obligation d'information

Il existe des obligations légales d'information qui pèsent sur le créancier en cours de contrat : obligation d'information relative à l'évolution de la dette, obligation d'information relative à la défaillance du débiteur (cf. infra fiches n° 14 et 18). S'agissant du moment de la conclusion du contrat, la jurisprudence distingue aujourd'hui entre un devoir de mise en garde et un devoir d'éclairer ou de conseiller qui pèsent essentiellement sur le **banquier créancier**.

Le **devoir de mise en garde** a pour objet les risques de l'opération ou la disproportion de l'engagement. Un tel devoir ne s'exerce qu'envers les seules **cautions profanes** (Cass. com., 20 juin 2006). La notion de caution profane s'oppose à celle de caution avertie. Sont considérés comme cautions averties non seulement, et sauf circonstances exceptionnelles, les dirigeants de sociétés, mais toutes autres personnes, notamment les associés « impliqués » dans l'opération garantie. Toutefois, il est à noter que la qualité de dirigeant de la caution n'est qu'un élément d'appréciation parmi d'autres du caractère averti ou non de celle-ci : la Cour de cassation a en effet admis qu'un gérant associé pouvait être considéré comme caution profane dès lors qu'il était dépourvu d'expérience particulière dans la gestion d'une société (Cass. Com. 13 novembre 2012 ou Cass. Com. 12 juillet 2017). La jurisprudence fait donc une appréciation in concreto de cette qualité.

Le nouvel article 1112-1 du Code civil ne semble pas être de nature à remettre en cause ces solutions puisqu'il est fait expressément réserve du cas de celle des parties qui ignore légitimement l'information, ce qui est le cas de la caution profane mais non, en principe, de la caution avertie.

Exemple

Se pose la question de savoir si une caution assistée d'un conseil (avocat ou expert-comptable par exemple) est une caution profane ou une caution avertie. La jurisprudence de la Cour de cassation n'est pas fixée sur une position unique. La Chambre commerciale de la Cour de cassation a ainsi tout d'abord estimé que la caution assistée d'un conseil était une caution avertie, ce qui dispensait la banque de son obligation de mise en garde (Cass. com., 12 novembre 2008). La première Chambre civile a cependant opté pour la solution inverse (Cass. Civ. 1re, 30 avr. 2009). Les juridictions du fond semblent pour l'instant être plus sensibles à l'avis de la première Chambre civile (CA Lyon, 25 juin 2009 : RD bancaire et fin. 2009, comm. 190, obs. Legeais, cautions assistées d'un avocat et d'un expert-comptable ; CA Pau, Ch.2 sect. 1, 22 oct. 2015, Cah.Jur.AMP 2015-3, p. 496, caution assistée d'un expert-comptable).

Le **devoir d'éclairer ou de conseiller** bénéficie quant-à-lui à toutes les cautions, qu'elles soient profanes ou averties.

II. Les vices du consentement

L'ordonnance du 10 février 2016 est venue clarifier les textes relatifs aux vices du consentement tout en intégrant des solutions jurisprudentielles. De ce point de vue, la réforme ne semble pas être de nature à remettre en cause les solutions apportées en matière de cautionnement. L'article 1130 nouveau du Code civil pose une règle générale concernant les vices du consentement : ceux-ci ne pourront être cause de nullité du contrat que s'ils ont un caractère déterminant du consentement, c'est-à-dire que, « sans eux, l'une des parties n'aurait pas contracté ou aurait contracté à des conditions substantiellement différentes ».

A. L'erreur

La caution peut tout d'abord avoir été victime d'une erreur, c'est-à-dire d'une **fausse représentation spontanée de la réalité**. Toutes les erreurs ne sont toutefois pas cause de nullité du contrat. En effet, l'erreur doit porter sur une qualité substantielle de l'engagement (selon la jurisprudence rendue sous l'empire de l'ancien article 1110), ou sur les qualités essentielles de la prestation (art. 1132 nouveau), c'est-à-dire « celles qui ont été expressément ou tacitement convenue, et en considération desquelles les parties ont contracté » (art. 1133 al. 1er nouveau). En revanche l'erreur sur la valeur des prestations n'est pas cause de nullité du contrat (art. 1136 nouveau). L'erreur sur une qualité essentielle du contractant n'est admise que dans les contrats intuitu personae (art. 1134 nouveau), comme c'était le cas auparavant.

En matière de cautionnement, l'erreur peut d'abord porter sur la **nature de l'engagement**. Il s'agirait d'une erreur-obstacle empêchant purement et simplement la conclusion du cautionnement. Les mentions manuscrites exigées par le Code de la consommation ainsi que le recours à l'acte authentique en cas de caution illettrée sont toutefois de nature à raréfier l'hypothèse (Cf. supra fiche n° 5).

L'erreur peut ensuite porter sur la **solvabilité du débiteur** (Cass. Com. 1er octobre 2002 : n° 00-13189, Bull. n° 131 ; Cass. Com. 19 mai 2015, inédit, n° 14-10860) ou encore sur une **qualité substantielle** de celui-ci (Cass. Com., 19 novembre 2003, *Bull. civ. IV*, n° 172 : erreur sur une qualité substantielle du débiteur, frappé d'une interdiction d'exercer une activité commerciale). La Cour de cassation a également admis l'erreur de la caution qui s'était engagée en croyant que l'obligation était déjà garantie par ailleurs (Cass. civ. 1re, 5 février 2009).

B. Le dol

Le contexte du cautionnement est particulièrement propice à des manœuvres dolosives. Le nouvel article 1137 du Code civil synthétise les évolutions jurisprudentielles en posant que le dol « est le fait pour un contractant d'obtenir le consentement de l'autre par des manœuvres ou des mensonges » (al. 1er), de même que le fait de dissimuler intentionnellement pour l'un des contractants d'une information dont il sait le caractère déterminant pour l'autre (al. 2).

L'hypothèse la plus courante est celle où un banquier dispensateur de crédit obtient l'engagement d'une caution par des manœuvres, des mensonges ou une réticence ayant pour but de masquer la situation financière délicate du débiteur. La jurisprudence, très abondante sur cette question, reprend une formule de principe inchangée, à peu de choses près : « *manque à son obligation de contracter de bonne foi et commet ainsi un dol par réticence la banque qui, sachant que la situation de son débiteur est irrémédiablement compromise ou à tout le moins lourdement obérée, omet de porter cette information à la connaissance de la caution afin d'inciter celle-ci à s'engager* » (constant depuis Cass. civ. 1re, 10 mai 1989, Bull. n° 187). Fort logiquement, la Cour de cassation ne permet pas au créancier de se protéger en faisant accepter à la caution une clause selon laquelle elle ne ferait pas de la solvabilité du débiteur la condition déterminante de son engagement (Cass. civ. 1re, 13 mai 2003, *JCP* 2003, II, 10144, note Desgorces).

Le lien entre le dol et l'obligation d'information est marqué par le nouvel article 1112-1, dernier alinéa, du Code civil.

En application de l'ancien article 1116 du Code civil ou du nouvel article 1137, le dol ne peut être cause de nullité que s'il émane du cocontractant, et donc, en matière de cautionnement, du créancier. Or il n'est pas rare que le **dol provienne du débiteur**, tiers au cautionnement (V. fiche n° 5). La Cour de cassation estime qu'en cette hypothèse, le dol ne sera cause de nullité du cautionnement que si le créancier s'en est rendu complice, au moins en demeurant passif (Cass. com., 13 nov. 2002,

Bull. civ IV, 2002, n° 161). Le nouvel article 1138 du Code civil permet d'embrasser ces diverses situations puisque « le dol est également constitué s'il émane du représentant, gérant d'affaires, préposé ou porte-fort du contractant » ou encore d'un « tiers de connivence ».

La question s'est également posée de savoir si, en cas de pluralité de cautions, le dol pouvait émaner d'un **cofidéjusseur**. S'il est certes un tiers, le cofidéjusseur est cependant un tiers particulier en ce que, selon l'article 2310, il cautionne un même débiteur pour une même dette envers un même créancier. Dans cette hypothèse, la Cour de cassation a explicitement admis que « dans les rapports entre cofidéjusseurs, le dol peut être invoqué par la caution qui se prévaut de la nullité du cautionnement lorsqu'il émane de son cofidéjusseur » (Com. 29 mai 2001, *Bull. civ. IV*, 2001, n° 100).

C. La violence

Même si les cas où elle est admise sont rares, il n'est pas impossible que le consentement de la caution ait été extorqué par la **violence**.

Exemple

La Cour d'appel de Rennes a annulé les cautionnements souscrits par un salarié à l'essai pour le compte de son employeur, sous la menace de licenciement immédiat (CA Rennes, 26 janvier 1996, Juris-Data n° 1996-041883).

L'ordonnance du 10 février 2016 a reformulé les textes relatifs à la violence et, surtout, a introduit la violence économique qui avait été dégagée par la Cour de cassation dans un célèbre arrêt de la première Chambre civile du 30 mai 2000, affiné par un arrêt du 3 avril 2002. Désormais l'article 1143 dispose qu'il y a violence « lorsqu'une partie, abusant de l'état de dépendance dans lequel se trouve son cocontractant, obtient de lui un engagement qu'il n'aurait pas souscrit en l'absence d'une telle contrainte et en tire un avantage manifestement excessif. » Nul doute que l'exploitation abusive d'une situation de dépendance économique pourra être retenue en tant que violence économique dans le cadre du cautionnement. Pour l'instant, si l'argument a été évoqué devant les juges, aucune juridiction ne l'a retenu (CA Douai, 9 mai 2012 ; CA Montpellier, 23 juin 2015).

La loi de ratification du 20 avril 2018 précise toutefois que ce type de violence ne pourra être retenu que si la victime est en état de dépendance vis-à-vis de son cocontractant c'est-à-dire, ici, vis-à-vis du créancier. Cette restriction malvenue selon nous risque de faire échapper à la violence un certain nombre de situations (par exemple l'exploitation abusive de circonstances extérieures).

À retenir

- Le consentement de la caution est protégé par le moyen d'obligations d'informations et par la sanction des vices du consentement.
- Le banquier dispensateur de crédit a une double obligation d'information à l'égard des cautions : un devoir de mise en garde à l'égard des cautions profanes ou non averties, un devoir de conseil à l'égard de toute caution.
- Le dol trouve à s'appliquer fréquemment en matière de cautionnement. Il est fréquemment le fait du banquier dispensateur de crédit qui cache à la caution la situation financière du débiteur garanti.
- Le dol doit émaner du cocontractant pour entraîner la nullité du contrat. En matière de cautionnement, le dol du débiteur n'est pas susceptible d'entraîner la nullité, à moins qu'il n'ait été de connivence avec le créancier.

Pour en savoir plus

- D. Houtcieff, « Le cautionnement à l'épreuve de la réforme du droit des contrats », *D.* 2016, p. 2183.

Fiche 11
La formation du cautionnement : le contenu du contrat

La réforme du droit commun des contrats par l'ordonnance du 10 février 2016 a changé les outils permettant de contrôler le contrat : la cause a disparu du Code civil alors que la notion d'objet est encore un peu présente. L'ordonnance a remplacé les exigences relatives à l'objet et à la cause par l'exigence d'un contenu licite et certain. Il faut donc voir ces nouvelles exigences légales tout en conservant à l'esprit que les cautionnements conclus avant le 1er octobre 2016 demeurent régis par l'objet et la cause.

I. Un contenu licite : la conformité du cautionnement à l'ordre public

La cause subjective était traditionnellement définie comme étant l'impulsion déterminante du consentement. Pour que le contrat soit valable, cette cause se devait d'être licite. La Cour de cassation juge en outre depuis 1998 « qu'un contrat peut être annulé pour cause illicite ou immorale, lors même que l'une des parties n'a pas eu connaissance du caractère illicite ou immoral du motif déterminant de la conclusion du contrat » (Cass. Civ. 1re, 7 oct. 1998 : Bull. civ. 1998, I, n° 285). **L'article 1162** du Code civil tel qu'issu de l'ordonnance de février 2016 reprend cette solution tout en se passant de la cause : « Le contrat ne peut déroger à l'ordre public ni par ses stipulations, ni par son but, que ce dernier ait été connu ou non par toutes les parties ».

Les hypothèses de cause illicite (ou désormais de but illicite) sont relativement rares pour un cautionnement en raison du caractère accessoire. En effet, si l'opération principale est annulée pour contrariété à l'ordre public, l'engagement de la caution tombe en raison de son caractère accessoire, sans que la notion de cause soit utile pour justifier son anéantissement (Cass. 1re civ., 24 mars 1998 : JCP G 1998, II, 10144).

Exemples

L'hypothèse d'un cautionnement reposant sur des motifs illicites et garantissant une dette principale irréprochable est toutefois envisageable, même si elle est rarissime. Une Cour d'appel avait ainsi annulé pour cause immorale un cautionnement souscrit par un amant au profit de sa maîtresse, afin qu'elle continue à lui prodiguer ses faveurs (CA Nancy, 12 nov. 1904 : DP 1905, 2, p. 158. – Cass. com., 19 mai 1969 : Bull. civ. 1969, IV, n° 175, qui refuse la nullité du cautionnement faute de preuve de la cause immorale). L'espèce jugée par la Cour de Nancy démontre qu'un cautionnement peut être vicié par une cause immorale, alors que l'opération principale est irréprochable. Une telle jurisprudence serait aujourd'hui difficile à maintenir (depuis Cass. Civ. 1re, 3 février 1999 : Bull., I, n° 43, arrêt selon lequel n'est pas contraire aux bonnes mœurs la cause de la libéralité dont l'auteur entend maintenir la relation adultère qu'il entretient avec le bénéficiaire).

De même l'exigence de licéité de l'objet (exigence de l'article 1128 ancien selon lequel seules les choses dans le commerce peuvent faire l'objet d'un contrat) n'est que difficilement applicable en matière de cautionnement ou à tout le moins, pas nécessaire. Puisque la caution doit exécuter l'obligation du débiteur principal, si celle-ci est hors commerce, alors ce sera également le cas de celle de la caution en raison du caractère accessoire. S'agissant toujours d'obligations de somme d'argent, le jeu de la disposition est douteux.

II. Un contenu certain : l'étendue des obligations de la caution

Il fallait, pour la validité du cautionnement, que l'objet de l'obligation de la caution fut déterminé ou, à tout le moins, déterminable. Or l'obligation cautionnée peut être présente ou future. Par ailleurs la caution peut limiter son engagement par rapport à la dette principale ou s'engager moins rigoureusement.

L'article 1163 tel qu'issu de la réforme de février 2016 reformule certaines règles qui étaient relatives à l'objet de l'obligation :

- *L'obligation a pour objet une prestation présente ou future.*
- *Celle-ci doit être possible et déterminée ou déterminable.*
- *La prestation est déterminable lorsqu'elle peut être déduite du contrat ou par référence aux usages ou aux relations antérieures des parties, sans qu'un nouvel accord des parties soit nécessaire.*

A. L'étendue des obligations de la caution dans le temps

1) Cautionnement de dettes présentes ou de dettes futures

L'intérêt de dissocier le cautionnement de dettes présentes ou de dettes futures tient au rôle particulier de la durée et à son influence sur l'obligation de la caution.

Dans le cautionnement de dettes présentes (prêt, crédit-bail), le poids de l'obligation principale ne dépend pas d'événements à venir : la durée du cautionnement est alignée sur celle de l'obligation principale. Toutefois, en cas de prorogation de terme accordée par le créancier au débiteur, la caution n'est pas déchargée pour autant. Elle pourra cependant poursuivre le débiteur pour le forcer à payer (art. 2316, hypothèse de recours avant paiement, v. infra fiche n° 17).

En revanche, dans un cautionnement de dettes futures, l'obligation de la caution est fonction d'évènements à venir qu'elle maîtrise plus ou moins. Par exemple, une banque consent à une société commerciale une ouverture de crédit en compte courant, à condition que le dirigeant de la société se porte caution du paiement, au moment de la clôture du compte, du solde débiteur qui pourrait apparaître. Dans ce cas, la dette principale n'est pas née puisque son existence et son étendue dépendent du solde débiteur du compte au jour de la clôture. La durée de l'engagement de la caution est donc ici essentielle car elle permettra de déterminer les dettes qui naîtront et qui seront donc garanties. La durée du cautionnement devient donc autonome par rapport à l'obligation principale.

La validité d'un tel cautionnement est admise depuis longtemps. L'objet de l'obligation est déterminable puisqu'il consiste en une obligation principale à laquelle il suffira de se référer lors de l'exigibilité.

À la différence d'un cautionnement de dette présente qui fait naître une obligation de règlement instantané à exécution différée, le cautionnement de dettes futures fait naître une obligation de couverture. Cette obligation de couverture est en réalité une période de garantie.

L'obligation de règlement est une obligation de payer instantanée. L'obligation de couverture peut être, quant à elle, à durée déterminée ou à durée indéterminée. Dans ce dernier cas, la caution disposera d'une faculté de résiliation, conformément au droit commun des contrats. Mais lorsque l'obligation de couverture prend fin, la caution n'est pas libérée pour autant : elle garantit le paiement des dettes nées pendant la période de couverture. Son obligation sera alors identique à celle résultant d'un cautionnement de dette présente : une obligation de règlement.

2) Cautionnement à durée déterminée ou à durée indéterminée

La réforme du 10 février 2016 a introduit dans le Code civil des dispositions bienvenues relatives à la durée du contrat. Ces règles reprennent pour l'essentiel des solutions jurisprudentielles. Rappelons simplement pour grands principes contractuels – évidemment applicables au cautionnement – que lorsque le contrat est à durée déterminée les parties ne peuvent normalement pas se libérer avant la fin du terme (art. 1212), alors que si le contrat est à durée indéterminée, les parties peuvent sortir du contrat à tout moment, moyennant le respect d'un préavis prévu au contrat ou de délai raisonnable (art. 1211).

En matière de cautionnement, la durée du contrat est un paramètre important concernant directement la sécurité des parties à l'acte. Si le cautionnement est à durée déterminée, le créancier sait ainsi qu'il peut compter sur la période de garantie prévue alors que la caution sait que son engagement prendra fin normalement avec l'arrivée du terme.

Les principales difficultés viennent surtout du cautionnement à durée indéterminée. En effet, le créancier se trouve tout d'abord à la merci du retrait de la caution à tout moment. Ici toutefois, le respect d'un délai de préavis permettra éventuellement au créancier de se retourner contre le débiteur afin de lui demander d'autres garanties. Du côté de la caution, le risque est que celle-ci oublie son engagement le temps passant et se retrouve appelée à exécuter son engagement des années après sa souscription. Le législateur impose alors certaines règles destinées à limiter les effets indésirables d'un tel oubli.

Tout d'abord la loi impose au créancier une **obligation annuelle d'information** destinée à rafraîchir la mémoire de la caution (art. 2293 al. 2 du Code civil et art. L. 313-22 du Code monétaire et financier, cf. infra fiches n° 14 et 18).

Ensuite l'exigence de **mention manuscrite** posée par le code de la consommation relative à l'engagement de la caution (cf. supra fiche n° 5) semble vouloir imposer une durée déterminée au cautionnement puisqu'il est exigé que soit expressément prévue la durée de celui-ci. La Cour de cassation a toutefois jugé que non seulement le cautionnement à durée indéterminée est licite, mais qu'en outre la stipulation selon laquelle la caution s'engage « jusqu'au paiement effectif de toutes les sommes dues » ne modifie ni le sens ni la portée de la mention manuscrite légale, ce dont il se déduit que le cautionnement litigieux n'était pas nul (Cass. Com. 15 novembre 2017, n° 16-10504).

Attention

La question se pose de la durée du cautionnement dès lors qu'elle n'est assortie d'aucune restriction par rapport à l'obligation principale. La question se pose surtout en cas de prolongation du contrat garanti ou de tacite reconduction de celui-ci. En cas de **prorogation** tout d'abord, la caution ne saurait être tenue par l'effet de celle-ci (Cass. com. 9 avril 2013, D. 2013 p. 989). Le nouvel article 1213 précise d'ailleurs que « la prorogation ne peut porter atteinte aux droits des tiers » parmi lesquels, bien sûr, figure la caution. En cas de **tacite reconduction**, c'est un contrat nouveau qui se forme (art. 1215 nouveau). Dans ce cas, la caution doit également être libérée car elle n'a consenti qu'à la garantie du seul contrat initial

(Cass. com. 11 février 1997, Bull. civ. IV, n° 46), à moins qu'elle n'ait entendu garantir cette recondution éventuelle du contrat (Cass. com. 11 juin 2003, Bull. civ. IV, n° 94).

B. Le cautionnement indéfini ou limité

L'article 2290 du code civil dispose que « le cautionnement ne peut excéder ce qui est dû par le débiteur ni être contracté sous des conditions plus onéreuses ». Cette règle est une conséquence directe du caractère accessoire du cautionnement. Si toutefois l'engagement de la caution excède la dette, il n'est pas nul pour autant : il est réductible à la mesure de l'obligation principale (art. 2290 al. 3 du Code civil).

Mais en deçà de cette double limite, l'étendue de l'obligation de la caution dépend du contrat de cautionnement qui peut prévoir une garantie inférieure à la dette principale et à des conditions plus avantageuses pour la caution.

Il faut à cet égard distinguer deux types de cautionnements : le cautionnement indéfini (1) et le cautionnement limité (2).

1) Le cautionnement indéfini ou cautionnement pur et simple

Le cautionnement indéfini ou pur et simple est celui qui n'a d'autre limite que celles de l'obligation principale. La recherche de l'étendue d'un tel cautionnement consiste donc dans la détermination de l'étendue de l'obligation principale, telle qu'elle a été définie par les parties – créancier et débiteur – et telle qu'elle a été entendue par la caution. Or, les parties ont pu donner au cautionnement une étendue variable, librement déterminée, en le limitant à une obligation précise ou en l'étendant à une pluralité d'obligations, la garantie restant pure et simple – ou « indéfinie » – dans la mesure où les obligations ainsi couvertes par la garantie le sont sans restriction.

La garantie personnelle donnée sans restriction pour une dette déterminée oblige bien évidemment la caution à payer, le cas échéant, l'intégralité du montant de cette dette. Mais au montant de la dette elle-même – le principal – s'ajoutent souvent, pour le débiteur, certains accessoires, tels que les intérêts, les frais de justice, les dommages et intérêts, etc. L'article 2293 prend soin de préciser que « le cautionnement indéfini d'une obligation principale s'étend à tous les accessoires de la dette », même, dans certaines limites indiquées par le texte, aux frais de justice que le créancier a dû engager pour obtenir paiement.

Cautionnement omnibus. Il arrive en pratique que le cautionnement n'identifie pas précisément les dettes garanties. Il est en effet possible de couvrir sans restriction toutes les dettes d'un débiteur envers un créancier. C'est ce que l'on appelle le cautionnement omnibus. Ce type de cautionnement doit cependant tendre à disparaître du moins pour les cautions personnes physiques. En effet, non seulement il peut se heurter à l'exigence de proportionnalité (v. infra fiche n° 12), mais encore les exigences relatives aux mentions manuscrites imposées par le Code de la consommation imposent que soit précisé le montant de l'engagement au moment de la souscription (v. supra fiche n° 5). Sur ce dernier point, si l'exigence du Code de la consommation peut être vue comme une prohibition des cautionnements de montants illimités, il faut toutefois nuancer. Tout d'abord l'exigence de l'article L. 331-3 actuel ne concerne que les cautionnements souscrits par des personnes physiques au profit de créanciers professionnels par acte sous seing privé. Ne sont donc pas dans le champ du texte les cautionnements de montant illimité souscrits par acte authentique, ou conclus envers des créanciers non professionnels, ou conclus par des personnes morales. Ensuite, le texte n'impose que la mention d'un montant plafond, ce dont il se déduit que n'est pas interdit le cautionnement omnibus assorti d'un montant plafond. Ainsi que le fait remarquer un auteur, ces cautionnements omnibus plafonnés « seront soit d'une utilité pratique limitée (si le plafond stipulé est trop faible), soit exposés à l'exigence de proportionnalité (si le plafond convenu est trop élevé) » (G. Piette, Cautionnement, Rep. Civ. Dalloz, n° 113).

2) Le cautionnement limité

Dans cette hypothèse, la garantie fournie n'épouse pas purement et simplement les contours de la dette : le contrat de cautionnement peut ainsi comporter des limitations qui, outre la durée (cf. supra), peuvent avoir plusieurs objets : le montant garanti, la nature des dettes garanties ou les conditions de la garantie.

La caution peut tout d'abord **limiter le montant** de son engagement. Elle peut ainsi limiter le montant du cautionnement qu'il s'agisse de garantir une seule dette ou un ensemble de dettes. Cette dernière est fréquente, surtout en matière de cautionnement de dettes futures, car elle permet de tempérer l'incertitude de l'engagement. Il en est ainsi notamment en cas de cautionnement d'un compte courant : l'indivisibilité des opérations du compte courant ne s'oppose pas à ce que le solde ne soit que partiellement couvert par le cautionnement. La caution dispose ainsi d'un moyen simple de se prémunir contre des surprises trop désagréables. Il appartient au créancier de veiller à ce que le solde débiteur n'excède pas le montant garanti.

La caution peut ensuite **limiter la durée** de son engagement. Le contrat de cautionnement sera alors assorti d'un terme qui aura une portée différente selon l'obligation principale garantie :

- Si le cautionnement garantit un contrat à exécution successive tel qu'un bail, seules seront couvertes les dettes exigibles nées de ce contrat jusqu'au terme prévu par le cautionnement. Les dettes postérieures au terme ne seront pas dans le périmètre des obligations de la caution.
- Dans l'hypothèse d'un cautionnement omnibus, la durée de couverture s'applique de même aux dettes nées avant le terme fixé.
- Enfin, si le cautionnement garantit des dettes déterminées à exigibilité différée, un terme plus tardif que celui de l'obligation principale peut constituer soit une exigibilité encore différée par rapport à celle-ci, soit un terme prévu au droit d'agir du créancier ainsi qu'a pu le reconnaître la Cour de cassation

(Cass. Com. 15 octobre 2013, n° 12-21704). En revanche une durée plus réduite n'aurait aucun intérêt pour le créancier car le cautionnement cesserait d'être efficace avant l'exigibilité de l'obligation principale qui est normalement le moment où le créancier saura si le débiteur sera défaillant ou non.

La caution peut en outre ajouter des conditions spéciales à son engagement. Deux conditions se rencontrent fréquemment :

- l'affectation des fonds prêtés au débiteur principal à une opération déterminée
- la fourniture d'autres sûretés réelles ou personnelles.

Si les conditions stipulées ne sont pas remplies, la caution ne sera pas obligée.

À retenir

- L'objet et la cause jouent, en matière de cautionnement, un rôle limité en raison du caractère unilatéral et du caractère accessoire de ce contrat. En outre les nouvelles dispositions du Code civil viennent les remplacer offrant ainsi de nouveaux outils de contrôle.
- L'étendue des prestations de la caution doit être déterminée ou déterminable. Comme il s'agit de l'obligation principale avec laquelle il y a identité d'objet, celle-ci doit présenter les mêmes caractères pour que le cautionnement soit valable.
- La caution peut limiter son engagement dans le temps ou dans son montant, ce qui est d'ailleurs vivement conseillé.

Pour en savoir plus

- P.-Y. Ardoy, « La durée du contrat » in *Quel renouveau pour le droit des contrats*, Actes du colloque du 20 mai 2016, PUAPP, coll. Le droit en mouvement n° 5, p. 169
- C. Atias, « Par la grâce du droit : la cause de l'engagement de la caution », *Mélanges M. Cabrillac*, Litec, 1999, p. 339
- M. Cabrillac, « Obligation de couverture, obligation de règlement et cautionnement du solde du compte courant », *Mélanges Ch. Mouly*, Litec, 1998, p. 293
- V. Mazeaud, *L'obligation de couverture*, IRJS, éd. 2010, préf. Jourdain
- G. Piette, *Cautionnement, Rép. Civ. Dalloz*, spécialement n° 80 et suivants.
- A. Schneider, « Des exceptions que la caution peut opposer au créancier. Pour un retour aux sources », *JCP* ed. G. 2002, I, 121

- Fiche n° 12

Fiche 12

Les conditions d'efficacité du cautionnement

Les conditions d'efficacité propres au contrat de cautionnement tiennent principalement à l'exigence de validité de l'obligation garantie et à la personne de la caution. Ces conditions, qui peuvent être vues comme protectrices de la caution, permettent en réalité d'assurer la pleine efficacité de la sûreté. Elles sont donc également protectrices des intérêts du créancier. La caution doit ainsi garantir une dette valable (I) et avoir une solvabilité suffisante pour répondre de l'obligation cautionnée (II). L'article 2295 exigeait en outre la domiciliation de la caution dans le ressort de la cour d'appel où elle doit être donnée (II).

I. L'exigence de validité de l'obligation garantie

Manifestant fortement le caractère accessoire du cautionnement (V. fiche n° 5), l'article 2289 alinéa 1er dispose que « le cautionnement ne peut exister que sur une obligation valable ». En toute logique, la caution ne saurait être tenue de payer si le débiteur principal ne l'est pas lui-même. Ce texte pose les exceptions que la caution peut opposer au créancier. Il s'agit d'en voir le principe (A), avant d'en voir les dérogations (B).

A. Le principe : Seule une obligation valable peut être cautionnée

Toute obligation valable peut être cautionnée, quelle qu'en soit la nature ou la source. Par conséquent, un cautionnement ne peut porter sur une obligation illicite ou inexistante. L'article 2313 qui vient compléter l'article 2289, permet ainsi expressément à la caution d'opposer au créancier toutes les exceptions qui appartiennent au débiteur principal et qui sont inhérentes à la dette, ce qui est généralement le cas des exceptions de nullité absolue.

Exemples

Ont été déclarés nuls pour cause de nullité de l'obligation principale les cautionnements de pactes sur succession future (Cass. civ., 9 mai 1894, S. 1894, 1, p. 336), d'obligations nulles pour absence de cause (Cass. com., 11 janvier et 8 février 2005, RD banc. et fin. mai-juin 2005, n° 82, obs. Legeais; RDC 3/2005, p. 684, obs. Mazeaud), ou encore d'actes nuls pour vice de forme, lorsque la nullité est une nullité absolue (Cass. com., 3 avril 1984, Bull. civ. 1984, IV, n° 123; JCP G 1984, IV, 184).

B. Les dérogations : La validité du cautionnement d'une obligation annulable en raison d'une exception purement personnelle au débiteur

L'alinéa 2 de l'article 2289 prévoit que « *l'on peut néanmoins cautionner une obligation encore qu'elle pût être annulée par une exception purement personnelle à l'obligé* » et le texte de citer, à titre d'exemple, le cautionnement de la dette d'un mineur. L'article 2313 al. 2 fait directement écho à ce texte puisqu'il empêche la caution d'opposer au créancier les exceptions qui sont purement personnelles au débiteur.

S'agissant de l'interprétation de ces textes, la jurisprudence a, traditionnellement, une attitude compréhensive à l'égard de la caution et fait primer la logique du caractère accessoire du cautionnement. En effet, par une interprétation restrictive de la notion d'**exception purement personnelle**, la jurisprudence en a pu en cantonner le domaine aux seules cautions d'obligations souscrites par un **incapable**. Cette attitude traditionnelle conduisait à écarter toute autre cause de nullité relative comme celles fondées sur les vices du consentement. En effet, alors même que les **vices du consentement** affectent ce que chaque individu a de plus personnel et de plus intime (sa liberté de décision), et si l'on s'en tenait à la lettre du texte, il aurait fallu refuser à la caution le droit de se prévaloir de toute cause de nullité relative tenant à la personne du débiteur, ainsi que d'autres exceptions purement personnelles, non constitutives de causes de nullité, telles que l'exception de compensation.

Toutefois, un arrêt de la Chambre de mixte de la Cour de cassation du 8 juin 2007 a **remis en cause les solutions antérieures** par une lecture stricte des articles 2289 et 2313 (v. les références plus bas : pour en savoir plus). Dans cette décision la Cour refuse à une caution le bénéfice de l'exception tirée du dol dont a été victime le débiteur principal. Ce faisant, la Cour de cassation est revenue sur une jurisprudence séculaire et touche au caractère accessoire du cautionnement.

La première conséquence de cette décision est que la caution peut être tenue d'une obligation qui n'est pas valable. En outre, la caution se voit privée de l'efficacité de son recours subrogatoire puisque le débiteur pourra de la même manière lui opposer la nullité relative de son obligation.

Par ailleurs, en raison de la formule très générale posée par la Cour de cassation, ce sont normalement toutes les exceptions personnelles que la caution, dorénavant, devrait logiquement se voir refuser. Pourtant, s'agissant de l'exception de compensation «*de ce que le créancier doit au débiteur*», l'article 1347-6 al. 1 tel qu'issu de l'ordonnance et de la loi de ratification (ex. 1294) permet expressément à la caution de l'opposer. Il s'agit bien d'une exception personnelle, raison pour laquelle l'article 1294 interdisant au codébiteur de se prévaloir de la compensation de ce que le créancier doit à un autre codébiteur. Il y aurait ainsi une contradiction entre les articles 1347-6 et 2313 du Code civil? Pour la résoudre, certains arrêts n'ont pas hésité à qualifier l'exception de compensation, contre toute évidence, d'exception inhérente à la dette (Cass. com., 17 juillet 2001, *Bull. civ. IV*, 2001, n° 138), tout en lui appliquant la qualification inverse pour la refuser au codébiteur.

Avant-projet

Afin de marquer à nouveau plus fortement le caractère accessoire du cautionnement, l'avant-projet de réforme propose une nouvelle rédaction de l'article 2999 du Code civil. L'alinéa 1er permettrait ainsi à la caution d'opposer au créancier toutes les exceptions appartenant au débiteur, qu'elles soient personnelles ou inhérentes à la dette. Dans un souci d'équilibre toutefois, l'alinéa 2 prévoirait que celui qui se porte caution d'un incapable en connaissance de cause est tenu de son engagement. L'alinéa 3 ajouterait en outre que «si elle n'y est autorisée par la loi, la caution ne peut se prévaloir des délais et remises, légaux ou judiciaires, accordés au débiteur.»

II. L'exigence de solvabilité de la caution

Cette exigence figure à la fois dans le Code civil et dans le Code de la consommation. Mais tout les oppose: champ d'application, finalité, modalités, sanction.

A. L'exigence de solvabilité posée par le Code civil

Les articles 2295 et 2296 du Code civil forment un ensemble de règles précises et complètes, mais plutôt dépassées. Selon l'article 2295, la caution doit avoir des biens suffisants pour assumer son obligation. L'article 2296 précise que seules les propriétés immobilières de la caution servent à évaluer sa capacité à faire face à l'obligation garantie, à condition que les immeubles en question ne soient ni litigieux, ni trop éloignés. Par exception, l'article 2296 admet que la solvabilité de la caution peut s'estimer sur sa fortune mobilière lorsque la dette est modique ou en matière commerciale.

Cette exigence de solvabilité ne peut être vérifiée qu'au moment où le cautionnement est donné. Or, ce qui importe au créancier, c'est la solvabilité de la caution lors de l'échéance de la dette. Dans l'intervalle, la caution aura en effet pu devenir insolvable selon le critère de l'article 2296. Si tel est le cas, l'article 2297 prévoit qu'une autre caution devra être fournie.

B. L'exigence de solvabilité posée par le Code de la consommation

1) Le mécanisme et le domaine d'appréciation de la disproportion

L'article L. 313-10 (devenu L. 314-18) du Code de la consommation, issu de la loi « Neiertz » du 31 décembre 1989, dispose qu'un établissement de crédit ne peut se prévaloir du cautionnement conclu par une personne physique en garantie d'un crédit à la consommation si ce cautionnement « était, lors de sa conclusion, manifestement disproportionné à ses biens et revenus, à moins que le patrimoine de cette caution, au moment où celle-ci est appelée, ne lui permette de faire face à son obligation ».

Par un arrêt du 17 juin 1997, « Macron », la Cour de cassation a fait application de cette exigence de proportionnalité hors du domaine du droit de la consommation, en jugeant que la disproportion du montant de l'engagement de la caution par rapport à ses revenus et son patrimoine engageait la responsabilité pour faute du créancier (Cass. com., 17 juin 1997 ; *Bull. civ. IV*, 1997, n° 188 ; *JCP E* 1997, II, 1007, note Legeais ; *JCP G* 1998, I, 103, n° 8, obs. Simler ; *D.* 1998, p. 208, note Casey ; *RTD civ.* 1998, p. 154 et 157, obs. Crocq). S'appuyant sur le droit commun de la responsabilité, la Cour de cassation valida la décision des juges du fond ayant sanctionné cette faute par l'octroi de dommages et intérêts emportant à due concurrence extinction de l'obligation de la caution par voie de compensation et re-proportionnant ainsi l'obligation de la caution. Toutefois, dans l'arrêt « Nahoum » du 8 octobre 2002, la Cour de cassation a voulu restreindre la portée de son arrêt « Macron » en interdisant aux dirigeants de société – telle était l'hypothèse de l'arrêt du 17 juin 1997 – de se prévaloir de la disproportion de leur engagement de caution (Cass. com., 8 oct. 2002, *Bull. civ. IV*, 2002, n° 136 ; *JCP E* 2002, 1730, note Legeais ; *JCP G* 2003, I, 124, n° 6, obs. Simler, et *JCP G* 2003, II, 10017, note Picod).

Mais la loi du 1er août 2003 a anéanti cette dernière restriction. Issu de cette loi, l'article L. 341-4 (désormais L. 332-1) du Code de la consommation, a en effet un champ d'application plus étendu que l'ancien article L. 313-10. Alors que celui-ci ne visait que les établissements de crédit créanciers, l'article L. 341-4 vise la catégorie plus large des **créanciers professionnels**. Cette catégorie regroupe bien évidemment les établissements de crédit mais elle regroupe également tout créancier bénéficiaire d'un cautionnement dans le cadre de son activité professionnelle, tels que les fournisseurs ou encore les bailleurs professionnels.

L'un et l'autre texte ne protègent que les **cautions personnes physiques.** Mais le second élargit tout de même considérablement le champ d'application du dispositif. Celui-ci était limité par l'article L. 313-10 aux cautions de crédits à la consommation. À présent, il concerne toute personne physique garante envers un créancier professionnel, donc, à n'en pas douter, les innombrables dirigeants de sociétés, cautions de leur société envers les bailleurs de fonds, catégorie que la Cour de cassation avait au contraire voulu exclure du bénéfice du principe de proportionnalité dans son arrêt Nahoum. La nature de l'opération principale est indifférente.

2) L'appréciation de la disproportion

Les deux textes n'ayant pas donné de définition de la **disproportion manifeste**, on considère qu'il faut comprendre par là l'**insolvabilité** de la caution. La détermination *a posteriori* de l'état de fortune de la caution au moment de son engagement peut soulever des difficultés. Il revient à la caution qui oppose au créancier le caractère disproportionné de son engagement de le prouver (V. Cass. Civ. 1re, 7 avr. 1999, n° 97-12828). Il faudra, pour apprécier cette disproportion, tenir compte non seulement des revenus de la caution, mais aussi des autres éléments du patrimoine comme les biens mais aussi les dettes.

Illustration

La disproportion manifeste suppose que la caution ne se trouve pas dans l'impossibilité manifeste de faire face à son engagement au jour où elle l'a souscrit (Cass. Com. 28 février 2018, n° 16-24.841, publié au Bulletin).

L'appréciation de la disproportion peut être difficile lorsque l'obligation est garantie par plusieurs cautions solidaires entre elles. Les opinions divergent au sein même de la Cour de cassation. La première Chambre civile a jugé que la disproportion de l'engagement de la caution solidaire s'appréciait par rapport à la totalité de l'engagement et non de la charge résiduelle théorique après l'exercice des recours en contribution contre les cofidéjusseurs (Cass. civ. 1re, 22 octobre 1996, *JCP* 1997, I, 3991 n° 5. Cass. civ. 1re 29 octobre 2002, *RJDA* 2003/2 n° 191). La Chambre commerciale estime de son côté que la proportionnalité des engagements de deux cautions solidaires se mesure par référence à la moitié du prêt cautionné (Com. 21 juin 2005, JurisData n° 2005-029129).

Illustrations

Se pose fréquemment la question des éléments à prendre en compte pour apprécier la disproportion. Ainsi la cour de cassation a-t-elle fini par juger que ne doivent pas rentrer en ligne de compte les revenus escomptés de l'opération garantie (Cass. com. 22 septembre 2015, n° 14-22913 ; Cass. com. 4 juin 2013, n° 12-15518 et n° 12-18216 ; Cass. Civ. 1re, 3 juin 2015, n° 14-13126. Initialement en sens contraire : Cass. Civ. 1re, 4 mai 2012, n° 11-11461).

Récemment, la Cour de cassation a même jugé que, dans la mesure où la disproportion manifeste de l'engagement de la caution s'apprécie notamment par rapport aux biens de la caution sans distinction, c'est à bon droit qu'une Cour d'appel a pu retenir qu'un bien dépendant de la communauté devait être pris en considération, alors même qu'il ne pourrait être engagé pour l'exécution de la condamnation éventuelle de la caution, en l'absence du consentement exprès du conjoint donné conformément à l'article 1415 du code civil (Cass. com. 15 novembre 2017, n° 16-504).

L'exigence de proportionnalité n'est pas à proprement parler une condition de validité de l'engagement de la caution. En effet, la loi n'oblige pas les créanciers professionnels à vérifier que leurs cautions ont une solvabilité suffisante. Elle leur fait seulement supporter le risque d'un engagement excessif, si la disproportion perdure au moment de l'échéance. D'ailleurs la caution ne peut invoquer la disproportion de son engagement avant terme pour obtenir sa libération. La sanction est une **déchéance** du créancier dans ses droits sur la caution (V. fiche n° 18). Il s'agit donc davantage d'une **condition d'efficacité** du cautionnement.

Avant-projet

L'article 2301 de l'avant-projet propose de généraliser l'exigence de proportionnalité du cautionnement souscrit par une personne physique tout en abandonnant le système du « tout ou rien » posé par le Code de la consommation. Ainsi, « le cautionnement souscrit par une personne physique est réductible s'il était, lors de sa conclusion, manifestement disproportionné aux revenus et au patrimoine de la caution, à moins que celle-ci, au moment où elle est appelée, ne soit en mesure de faire face à son obligation. »

III. L'exigence de domiciliation de la caution

L'article 2295 alinéa 2 du Code civil disposait que la caution devait être domiciliée « *dans le ressort de la cour d'appel où elle doit être donnée* ». Le législateur voulait assurer au créancier une garantie non seulement efficace (solvabilité), mais aussi facile à mettre en œuvre (proximité des immeubles, domicile). Depuis longtemps, l'anachronisme de cette exigence est dénoncé et les applications sont rares (Cependant : Cass. civ. 3e, 12 oct. 1994, *Bull. civ.* 1994, III, n° 169 ; *JCP G* 1994, IV, 2489 ; *D. 1994,* IR p. 242, qui annule une surenchère pour diverses irrégularités, dont le fait que l'une des cautions n'était pas domiciliée dans le ressort). La jurisprudence considérait d'ailleurs que, dans la mesure où cette condition est une règle protectrice du créancier, sa violation n'entraînait pas la nullité du cautionnement et le créancier pouvait très bien choisir d'accepter une caution ne remplissant pas les conditions

(Com. 7 février 1984, *Gaz. Pal.* 2. pan. 163). En revanche il était refusé à la caution de les invoquer pour se soustraire à son engagement (Civ. 1re, 7 juin 1988, *Bull. civ.* 1988, I, *n° 173*). Cette exigence pouvait être considérée comme abrogée par désuétude

Pour cette raison, l'article 2295 al. 2 a été modifié en 2009 et dispose désormais que « le créancier ne peut refuser la caution présentée par un débiteur au motif qu'elle ne réside pas dans le ressort de la Cour d'appel dans lequel elle est demandée ». L'**avant-projet** de réforme des sûretés fait disparaître cette disposition.

À retenir

- Le cautionnement ne peut porter que sur des obligations valables. La caution peut opposer au créancier toutes les exceptions qui lui appartiennent et qui sont inhérentes à la dette, mais pas les exceptions qui lui sont purement personnelles.
- Le cautionnement ne sera pleinement efficace que si la caution est solvable. Tel n'est pas le cas si les biens de la caution ne permettent pas de faire face à son obligation au moment où celle-ci sera exigible.
- L'article L. 332-1 du Code de la consommation protège toute caution personne physique qui s'engage envers un créancier professionnel en cas de disproportion manifeste de son engagement.
- Le Code de la consommation sanctionne le cautionnement disproportionné par une déchéance du créancier dans les droits que lui procurait le cautionnement.

Pour en savoir plus

- Cass. ch. mixte, 8 juin 2007, *JCP* 2007, II, 10138, note Simler; *JCP* 2007, act. 274, Libres propos par J. Casey; *JCP ed. E* 2007, p. 1861 note Piédelièvre; *D.* 2007, p.2201 note Houtcieff; *Contrats Conc. Cons.* 2007, comm. N° 269, note Leveneur; *RTD Com.* 2007, p. 585 obs. Legeais.
- P. Crocq, « Sûretés et proportionnalité », *Mélanges Simler,* Dalloz-Litec, 2006, p. 291
- J. Lasserre-Capdeville, « Le banquier dispensateur de crédit face au principe de proportionnalité », *Banque et droit* 2007, n° 5-6, p. 25
- Y. Picod, « Proportionnalité et cautionnement. Le mythe de Sisyphe », *Mél. Calais-Auloy*, Dalloz, 2003, p. 843

POUR S'ENTRAÎNER

1. Toutes les obligations peuvent-elles être cautionnées ?
2. L'exigence de proportionnalité du Code de la consommation protège-t-elle toutes les cautions ?

RÉPONSES

1. Non. Seules les obligations valables peuvent en principe être cautionnées. Les articles 2289 al. 2 et 2313 al. 2 déclarent toutefois valables les cautionnements venant garantir des obligations annulables en raison d'exceptions purement personnelles au débiteur. Si traditionnellement la seule exception d'incapacité était retenue, la Cour de cassation a adopté une conception littérale de la notion dans un arrêt rendu par la Chambre mixte le 8 juin 2007 (cf. supra). La Cour a en effet estimé qu'un cautionnement était valable alors même que l'obligation garantie était nulle en raison du dol dont avait été victime le débiteur garanti.
2. Non. Si initialement l'article L. 313-10 cantonnait l'exigence de proportionnalité aux cautionnements souscrits par des personnes physiques en garantie d'un crédit à la consommation, désormais l'article L. 341-3 protège toute caution personne physique qui s'engage vis-à-vis d'un créancier professionnel. Ne sont donc pas protégées par le Code de la consommation les cautions personnes morales et les cautions personnes physiques qui s'engagent vis-à-vis d'un non professionnel.

Fiche 13

Les obligations de la caution

I. L'obligation de règlement pour les dettes présentes
II. L'obligation de couverture pour les dettes futures

Définition

La détermination des obligations de la caution passe par une distinction qui prend en compte le paramètre temporel. On distingue en effet le cautionnement de **dettes présentes** et le **cautionnement de dettes futures**. Les obligations de la caution sont en effet différentes selon l'un ou l'autre cas. Dans la première hypothèse elle a une obligation de règlement (I), dans la seconde pèse sur elle une obligation de couverture (II).

I. L'obligation de règlement pour les dettes présentes

A. Le contenu de l'obligation

Dans le cautionnement de dettes présentes (prêt, crédit-bail), **le poids de l'obligation principale ne dépend pas d'événements à venir**: la durée du cautionnement est alignée sur celle de l'obligation principale, une prorogation du terme étant inopposable à la caution. Bien sûr, le cautionnement peut garantir une dette présente assortie d'un terme et le créancier ne pourra demander paiement à la caution qu'une fois que la dette est échue. Mais **l'obligation de la caution sera évaluée au jour de son engagement**: il y a **cautionnement de dette présente** en ce qu'au moment de son engagement, la caution connaissait l'exacte étendue de son obligation.

L'obligation de règlement pèse sur la caution qui garantit des dettes présentes mais également sur la caution de dettes futures lorsqu'a pris fin l'obligation de couverture et qu'existe une dette principale (cf. infra, II).

Dès lors que le débiteur principal a été défaillant dans le règlement de la dette en garantie de laquelle la caution s'est engagée et que le créancier sollicite la mise en œuvre du cautionnement, celle-ci est tenue de s'exécuter, à moins qu'elle ne puisse se prévaloir du bénéfice de discussion ou de division (dans le cautionnement simple, V. fiche n° 6) ou qu'elle ne puisse valablement opposer au créancier des exceptions lui permettant d'échapper à son engagement de caution (V. fiche n° 13).

En principe, la ou les dettes garanties, dès lors qu'elles sont nées avant le décès ou la disparition du créancier ou du débiteur, se transmettent activement et passivement à leurs successeurs, avec les accessoires qui y sont attachés. L'obligation de règlement de la caution subsiste donc et celle-ci demeure garante des successeurs du débiteur ou au profit des successeurs du créancier.

Exemple

Une illustration particulière peut être trouvée en matière de fusion par absorption d'une société débitrice dont la dette est garantie par un cautionnement. La Cour de cassation a logiquement conclu au maintien de l'efficacité du cautionnement au motif qu'en cas de dissolution d'une société par voie de fusion-absorption par une autre société, l'engagement de la caution garantissant le paiement des dettes garanties à la première demeure pour les obligations nées avant la dissolution de celle-ci (Cass. com., 8 nov. 2005 Bull. civ. 2005, IV, n° 219; JCP G 2005, II, 10170, note Houtcieff).

B. L'exigibilité de l'obligation de la caution

1) Le droit commun

Le cautionnement est un contrat accessoire. Il en découle que l'exigibilité de l'obligation de la caution dépend de l'**exigibilité de l'obligation principale**. Une fois celle-ci acquise, il faut en outre que le débiteur principal soit défaillant. La défaillance est en principe constatée par une mise en demeure à l'encontre du débiteur. L'action du créancier contre la caution n'est toutefois pas subordonnée à une mise en demeure contre celle-ci.

L'article 2316 du Code civil prévoit que la prorogation volontaire du terme par le créancier au débiteur principal ne libère pas la caution. Celle-ci ne pourra toutefois pas se voir opposer cette prorogation et pourra même agir préventivement contre le débiteur (recours avant paiement, cf. infra fiche n° 17). Le contrat de cautionnement peut toutefois déroger à cette règle qui n'est que supplétive de volonté.

Si le débiteur principal se voit frappé d'une déchéance du terme de son obligation, cette déchéance ne sera toutefois pas opposable à la caution. En effet, il s'agit d'une sanction personnelle encourue par le débiteur, même en cas de procédure collective. La caution demeurera donc tenue selon les termes initiaux de son engagement, à moins qu'elle ne fasse le choix inverse.

2) L'influence du droit des entreprises en difficultés

Dans l'idée de ne pas effrayer les dirigeants qui se seraient portés caution de leur société, le législateur a adopté certaines règles dérogatoires leur donnant ainsi une situation plus avantageuse que ne le ferait le droit commun du cautionnement. À noter que ces dispositions bénéficient d'ailleurs le plus souvent aux coobligés, aux donneurs de sûretés personnelles – dont le cautionnement – et aux personnes ayant affecté ou cédé un bien en garantie.

Exemples

- En cas d'accord amiable entre le débiteur et ses créanciers lors d'une procédure de conciliation, la caution pourra se prévaloir de cet accord (art. L. 611-10-2 du Code de Commerce).
- Le bénéfice de l'arrêt du cours des intérêts et de la suspension des poursuites en cas d'ouverture d'une procédure bénéficie également à la caution (art. L. 622-2_ al. 2 du Code de Commerce).
- En cas d'adoption d'un plan de sauvegarde, les cautions personnes physiques pourront invoquer les délais et remises prévus par ledit plan (art. L. 626-11 du Code de Commerce).

En revanche, en cas de procédure aboutissant à un plan de redressement, la caution ne pourra pas se prévaloir des dispositions du plan ainsi qu'en dispose l'article L. 631-14 du Code de commerce. Si la procédure aboutit à une liquidation, alors la caution sera tenue de même que tous les autres garants.

C. L'exécution de l'obligation de règlement : le paiement fait par la caution

Dès lors que l'obligation de la caution sera exigible et que le créancier en réclamera l'exécution, la caution devra payer, à moins qu'elle ne puisse se prévaloir d'autres causes d'extinction (cf. infra fiche n° 15).

Le paiement effectué par la caution ne sera libératoire envers le créancier que si certaines conditions sont réunies. Le paiement devra tout d'abord être valable et intégral. En cas de paiement partiel, celui-ci s'imputera d'abord sur les intérêts et ensuite sur le capital (art. 1343-1 nouveau du Code civil, cf. supra fiche n° 6). Ensuite, ce paiement doit être fait en qualité de caution et non en qualité de codébiteur (Cass. com. 30 avril 1974, n° 73-13.092).

Dans le cas où la caution garantirait plusieurs obligations, elle peut préciser, lors de son paiement, quelle est celle qu'elle désire payer (art. 1342-10 nouveau du Code civil, ancien article 1253). À défaut, elle sera réputée avoir payé pour la dette qu'elle avait le plus intérêt à payer.

Nous verrons que si le paiement libère la caution, il ne libère le débiteur que vis-à-vis du créancier mais non vis-à-vis de la caution qui dispose de recours à son encontre (cf. infra fiche n° 17).

II. L'obligation de couverture pour les dettes futures

Dans le cautionnement de dettes futures, l'obligation de la caution est fonction d'évènements à venir qu'elle maîtrise plus ou moins. Il y a alors **cautionnement de dettes futures** pour une période déterminée ou indéterminée selon ce qui a été prévu dans la convention de cautionnement.

Exemple

Une banque consent à une société commerciale une ouverture de crédit en compte courant, à condition que le dirigeant de la société se porte caution du paiement, au moment de la clôture du compte, du solde débiteur qui pourrait éventuellement apparaître. Dans ce cas, la dette principale n'est pas née puisque son existence et son étendue dépendent du solde débiteur du compte au jour de la clôture. La durée de l'engagement de la caution est donc ici essentielle car elle permettra de déterminer les dettes qui naîtront et qui seront donc garanties. La durée du cautionnement devient donc autonome par rapport à l'obligation principale.

La validité d'un tel cautionnement ne fait aucun doute car l'objet de l'obligation de la caution est déterminable (V. fiche n° 11) dans la mesure où il consiste en une obligation principale à laquelle il suffira de se référer lors de l'exigibilité. À la différence d'un cautionnement de dette présente qui fait naître une obligation de règlement instantané à exécution différée, le cautionnement de dettes futures fait naître une obligation de couverture. Cette obligation de couverture est en réalité une **période de garantie**, l'obligation de la caution revêt alors un caractère successif. L'obligation de règlement est une obligation de payer instantanée. L'obligation de couverture peut être, quant à elle, à durée déterminée ou à durée indéterminée. Dans ce dernier cas, la caution disposera d'une faculté de résiliation, conformément au droit commun des contrats. Mais lorsque l'obligation de couverture prend fin, la caution n'est pas libérée pour autant: elle garantit le paiement des dettes nées pendant la période de couverture. Son obligation sera alors identique à celle résultant d'un cautionnement de dette présente, une obligation de règlement.

La couverture procurée par le cautionnement peut cesser pour les causes habituelles relatives aux contrats à exécution successive comme par exemple l'arrivée du terme (si la caution s'est engagée pour une durée déterminée) ou la résiliation (engagement à durée indéterminée). La caution reste cependant tenue pour les dettes qui seraient nées avant la fin de la période de couverture. L'obligation de règlement reste donc efficace pour ces dettes.

À noter que l'obligation de couverture de la caution s'éteint à l'instant du décès du créancier ou du débiteur. Sauf convention contraire, celui qui a garanti les dettes d'un débiteur déterminé n'aura pas entendu garantir celles, nouvelles, de ses successeurs. Il faut rapprocher de cette hypothèse celle de la fusion d'une société caution avec une société tierce ou au contraire sa scission. Cette opération est analysée comme emportant « dissolution sans liquidation des sociétés qui disparaissent et... transmission universelle de leur patrimoine aux sociétés bénéficiaires, dans l'état où il se trouve à la date de réalisation définitive de l'opération » (art. L. 236-3 du Code de commerce). Cette dévolution universelle du patrimoine de la société dissoute emporte, lorsqu'elle concerne une société caution, des conséquences identiques à celles résultant du décès de la caution. En cas de fusion de la société caution avec une autre société la garantie subsiste pour les dettes nées avant cette opération, mais non pour les dettes nouvelles (Cass. com., 7 nov. 1966, *Bull. civ.* 1966, III, n° 421). La même solution est retenue en cas de scission ou d'absorption de la société caution, car celle-ci est réputée dissoute et celles issues de l'opération sont des personnes morales nouvelles auxquelles le patrimoine de l'ancienne est transmis. L'obligation de couverture cesse pour les opérations qui interviennent postérieurement entre le créancier et le débiteur (Cass. Com., 29 févr. 2000, *Banque et droit* sept.-oct. 2000, p. 79).

Au contraire, si la société caution en a absorbé une autre, ses engagements subsistent intégralement, même pour l'avenir, sa personnalité morale n'étant pas remise en cause.

À retenir

- Lorsque les obligations de la caution sont déterminées dès le moment de son engagement, elle est tenue d'une obligation de règlement en cas de défaillance du débiteur principal.
- Il est toutefois possible de prévoir que la caution s'engage à couvrir des dettes futures pour une période déterminée ou non. La caution est alors tenue d'une obligation de couvrir les dettes nées pendant cette période. À la fin de l'obligation de couverture, la caution est tenue d'une obligation de règlement pour les dettes nées antérieurement.
- L'exigibilité de l'obligation de la caution est liée à celle du débiteur principal. Toutefois, une procédure collective ouverte à l'encontre de celui-ci peut avoir une incidence pour la caution qui pourra bénéficier, dans certains cas, des accords intervenus, du plan de sauvegarde adopté ou encore de la suspension du cours des intérêts et des poursuites.

Pour en savoir plus

- D. Boccara, *Cautionnement de compte courant*, Rép. *com. Dalloz*
- M. Cabrillac, « Obligation de couverture, obligation de règlement et cautionnement du solde du compte courant », *Mélanges Ch. Mouly*, Litec, 1998, p. 293
- V. Mazeaud, *L'obligation de couverture*, IRJS, éd. 2010, préf. Jourdain
- Fiche n° 10

Fiche 14
Les obligations du créancier

Le cautionnement est en principe un contrat unilatéral (cf. supra fiche n° 5). Seule la caution est donc normalement débitrice d'obligations. Il apparaît toutefois que la loi et parfois le contrat de cautionnement lui-même font peser certaines obligations sur le créancier, sans pour autant transformer le cautionnement en contrat synallagmatique. On trouve principalement des obligations d'information imposées par loi ou la jurisprudence (I) et des obligations qui peuvent être ajoutées par les parties dans le cadre de leur liberté contractuelle (II).

I. Les obligations d'information

La loi ou la jurisprudence font peser diverses obligations d'information sur le créancier, que ce soit avant la conclusion du contrat (A) ou durant la vie du contrat de cautionnement (B).

A. Obligations précontractuelles d'information (rappels)

Ainsi qu'il en a déjà été abordé (cf. supra fiche n° 10), beaucoup est fait pour veiller à ce que la caution s'engage en connaissance de cause.

Tout d'abord une obligation d'information est aujourd'hui généralisée à l'article 1112-1 du Code civil dès lors que l'information a une importance déterminante pour l'autre partie et que l'autre partie ignore cette information légitimement ou fait confiance à son cocontractant. L'information a une importance déterminante dès lors qu'ell « a un lien direct et nécessaire avec le contenu du contrat ou la qualité des parties ». Ensuite, le « devoir d'information ne porte pas sur l'estimation de la valeur de la prestation » (art. 1112-1 al. 2).

En matière de cautionnement, la jurisprudence distingue entre un **devoir de mise en garde** et un **devoir d'éclairer ou de conseiller** qui pèsent essentiellement sur le **banquier créancier**. Le premier a pour objet les risques de l'opération ou la disproportion de l'engagement. Un tel devoir ne s'exerce qu'envers les seules **cautions profanes.** Le **devoir d'éclairer ou de conseiller** bénéficie à toutes les cautions, aussi bien profanes qu'averties.

B. Obligations d'information en cours de contrat

La loi fait peser sur le créancier certaines obligations d'information spécifiques en cours de contrat. Ces obligations sont sanctionnées par des déchéances (cf. infra fiche n° 18).

1) L'information sur l'évolution de la dette garantie

Le plus souvent, une caution s'oblige sur une certaine durée (soit obligation de règlement différée, soit obligation de couverture, V. fiches n° 11, 13 et 15). Il est donc probable qu'elle en vienne petit à petit à oublier la portée de son engagement. La loi est alors venue imposer au créancier de rappeler à la caution, chaque année, l'existence et les caractéristiques juridiques du cautionnement ainsi que le montant de la dette garantie. L'intervention du législateur s'est faite de manière ponctuelle, «pour ne pas dire désordonnée» (Ph. Simler), tant et si bien que le domaine de l'obligation d'information annuelle varie en fonction du caractère professionnel des créanciers et de la qualité de personne physique des cautions.

C'est la loi du 1er mars 1984 qui est venue poser la première cette obligation. L'article L. 313-22 du Code monétaire et financier impose aux établissements de crédit d'informer, tous les ans, au plus tard avant le 31 mars, les cautions ou leurs héritiers en cas de décès, de l'existence du cautionnement, de sa révocabilité et du montant de la dette garantie au 31 décembre de l'année précédente. Le domaine d'application de cette règle concerne le concours financier à une entreprise, entendue de manière large comme étant tout crédit destiné à financer une activité économique, libérale ou commerciale, en voie de création ou en cours d'exploitation. Dans la mesure où le texte ne fait pas de distinction selon la qualité des cautions, l'information est due que la caution soit avertie ou non. La Cour de cassation en fait ainsi bénéficier le dirigeant caution de sa propre société, alors même qu'il est parfaitement informé par ailleurs (Cass. Civ. 1re, 22 janvier 2009, *JCP* 2009, I, 150, n° 5).

Cette obligation d'information a vu son **domaine élargi** par trois textes postérieurs: L'article 47-II al. 2 de la loi du 11 février 1994 (qui a étendu l'obligation à tout créancier en cas de cautionnement à durée indéterminée consentie par une personne physique pour garantir une dette professionnelle d'un entrepreneur individuel), la loi du 29 juillet 1998 (qui a ajouté un alinéa à l'article 2293 du Code civil au terme duquel bénéficie d'une telle obligation d'information la caution personne physique qui s'engage dans un cautionnement indéfini) et enfin la loi Dutreil du 1er août 2003 (qui a imposé cette obligation à tous les créanciers professionnels envers les cautions personnes physiques (art. L. 333-2 du Code de la consommation, ancien art. L. 341-6).

L'**avant-projet** de réforme du droit des sûretés déposé en septembre 2017 propose la reprise de cette obligation à l'article 2303 du Code civil mais en la calquant sur le système prévu par le Code monétaire et financier ou par le code de la consommation (information au plus tard le 31 mars sur l'état de la dette au 31 décembre l'année précédente). L'actuel article 2293 du Code civil renvoie en effet cette information à la date prévue par les parties ou, à défaut, à la date anniversaire du cautionnement. L'avant-projet propose également de prévoir que « Si le cautionnement est à durée indéterminée, le créancier professionnel est, en outre, tenu de rappeler à la caution sa faculté de résiliation. »

Attention

Bien souvent la preuve de l'exécution de cette obligation par les créanciers pose difficulté. En effet, les textes ne prescrivent aucune forme s'agissant de l'envoi de cette information et une lettre simple suffit (Cass. Com. 25 avril 2001, D. 2001, p. 1793). La jurisprudence exige néanmoins que la banque créancière prouve l'envoi de l'information sans aller jusqu'à ce qu'elle en prouve la réception. S'agissant d'une question de fait, l'appréciation de la preuve de l'envoi de l'information relève de la souveraineté des juges du fond. Les modes de preuve les plus variés sont retenus : liste visée par un huissier des lettres adressées à l'ensemble de ses cautions accompagnée de courriers « échantillons » en annexe, copie de la déclaration de créance adressée à la caution par courrier recommandé avec accusé de réception. Mais parfois certaines preuves sont jugées insuffisantes : le relevé de compte du débiteur sur lequel apparaissent les frais d'envoi de la lettre supposée contenir l'information, la copie du courrier ou un listing informatique (Respectivement CA Pau, 20 février 2017 et CA Pau, 24 novembre 2016, Cah.Jur. AMP 2017-1, p. 104).

2) L'information sur la défaillance du débiteur principal

La loi Neiertz du 31 décembre 1989 a institué une obligation d'information aux termes de laquelle les établissements de crédit doivent avertir la caution de la défaillance du débiteur principal, dès le premier incident susceptible d'être signalé au fichier des incidents de paiement (art. L. 314-17 du Code de la consommation, ancien art. L. 313-9). Cette obligation ne s'impose que pour les cautionnements d'opérations de crédit à la consommation et de crédits immobiliers. Cette obligation a pour but de permettre à la caution de prendre des mesures de sauvegarde nécessaire tant la défaillance du débiteur devient probable.

La sanction est là encore une **déchéance** consistant en la privation du droit aux intérêts et pénalités échus depuis l'incident jusqu'à la délivrance de l'information.

Des lois postérieures sont également venues étendre le champ d'application de cette obligation. Ainsi en est-il de la loi du 29 juillet 1998 (qui a étendu cette obligation à tous les créanciers professionnels envers la caution personne physique sous la même sanction, art. L. 333-1 du code de la consommation), de l'article 47 de la loi du 11 février 1994 (qui impose la même obligation aux créanciers même non-professionnels à l'égard de la caution personne physique garantissant une dette professionnelle d'un entrepreneur ou d'une société).

L'**avant-projet** de réforme des sûretés propose l'introduction d'un nouvel article 2304 dans le Code civil qui disposerait que « le créancier professionnel est tenu d'informer toute caution personne physique de la défaillance du débiteur principal dès le premier incident de paiement non régularisé dans le mois de l'exigibilité de ce paiement, à peine de déchéance des pénalités, intérêts et autres accessoires échus entre la date dudit incident et celle à laquelle elle en a été informée. »

La Cour de cassation a estimé que la caution dirigeante de la société débitrice devait bénéficier de ces dispositions, alors même qu'elle est bien placée pour connaître la situation du débiteur (Cass. Com. 27 novembre 2007, *Bull. civ.* 2007, IV, n° 253). Cette obligation est indépendante de la connaissance effective que son bénéficiaire peut avoir de la situation du débiteur.

II. Les obligations contractuelles

Les obligations les plus variées peuvent être prévues par les parties à la charge du créancier. Nous n'évoquerons que les plus habituelles. Ces obligations peuvent d'ailleurs rendre le cautionnement synallagmatique si l'obligation prise par le créancier l'a été en contrepartie de celle de la caution.

Tout d'abord les parties peuvent ajouter des obligations d'informations à celles déjà prévues par la loi. Dans certains cas, les parties se sont inspirées des règles du Code de la consommation pour prévoir une obligation d'information dans un certain délai en cas d'impayés par le débiteur principal, le manquement à cette obligation étant contractuellement sanctionnée par le mécanisme de la condition résolutoire ou par la caducité du cautionnement.

Ensuite les parties peuvent prévoir diverses obligations. La caution peut ainsi demander au créancier d'alléger ou d'aménager les obligations du débiteur garanti en échange du cautionnement. Ce sera le cas pour une diminution du taux d'intérêt, la mainlevée d'une hypothèque prise sur un immeuble du débiteur principal ou encore un report du terme de l'obligation principale. La caution peut également demander au créancier de la favoriser elle-même, par exemple en prenant l'engagement de poursuivre d'abord le débiteur principal ou de ne poursuivre la caution que sur certains de ses propres biens. Enfin, l'obligation du créancier peut être dirigée vers la bonne marche de l'opération de cautionnement en veillant à l'affectation précise des fonds faisant l'objet de l'obligation principale.

À retenir

- Le créancier se voit imposer par la loi ou la jurisprudence un certain nombre d'obligations d'information.
- Ces obligations d'information ont les objets et les domaines les plus variés : devoir de mise en garde et de conseil précontractuels, obligation générale d'information imposée par le Code civil, obligations annuelles d'information sur l'évolution de la dette garantie, obligation d'information sur les incidents de paiements.
- Les parties peuvent prévoir d'autres obligations à la charge du créancier qui peuvent rendre le contrat de cautionnement synallagmatique.

Pour aller plus loin

- Ph. Simler, J.-Cl. Civil art. 2288-2320, fasc. 10 n° 79 et fasc.40 n° 59 et suiv.

Fiche 15
L'extinction du cautionnement

L'obligation de la caution peut s'éteindre par toutes les causes d'extinction du droit commun des obligations. Mais les mêmes causes d'extinction s'appliquent doublement au cautionnement. Le cautionnement est un contrat. Il comporte en cela ses propres causes d'extinction. Mais il s'agit d'un contrat accessoire venant garantir une obligation. Le cautionnement peut donc s'éteindre de deux manières : il peut s'éteindre par voie principale ou par voie accessoire.

I. L'extinction par voie principale

L'existence d'un lien contractuel propre entre la caution et le créancier conduit à ce qu'une cause d'extinction peut atteindre directement le seul cautionnement, indépendamment du sort de l'obligation principale. Le rapport entre la caution et le créancier s'éteindra sans affecter l'obligation principale. À moins qu'il n'ait pris d'autres sûretés, le créancier devient alors un créancier chirographaire. Outre les causes d'extinction découlant d'une responsabilité du créancier (cf. infra fiche n° 19), les causes d'extinction du droit commun s'appliquent évidemment au contrat de cautionnement (article 2311 du Code civil). Nous en évoquerons quelques-unes ici.

A. L'extinction de l'obligation de règlement.

Rappelons que l'obligation de règlement est l'obligation qui pèse sur la caution de dettes présentes (cf. supra fiche n° 13). L'extinction de l'obligation de règlement libère purement et simplement la caution, en totalité ou en partie.

En premier lieu, l'exécution par la caution de son obligation de règlement met évidemment un terme au contrat de cautionnement, à condition bien sûr que le **paiement** soit libératoire, c'est-à-dire qu'il ait été intégral, valable et effectué en qualité de caution.

En second lieu, l'obligation de la caution peut s'éteindre en raison de l'expiration d'un **délai de prescription**. En matière de cautionnement, le délai de droit commun de 5 ans commence à courir du jour où l'obligation principale est devenue exigible, à moins que les parties n'en aient convenu différemment. Si la caution a pris soin d'enfermer son engagement dans un délai déterminé, le délai commence à courir à compter de l'expiration du temps d'efficacité du cautionnement.

En outre, le créancier peut consentir une **remise de dette** à la caution. La remise de dette est, selon l'article 1350 du Code civil, le « contrat par lequel le créancier libère le débiteur de son obligation ». L'article 1350-2 nouveau règle la situation de la caution : si la remise de dette profite au débiteur, la caution est libérée, mais dans le cas où la remise de dette est consentie à la caution, ni le débiteur principal ni les cofidéjusseurs ne sont libérés (dans le même sens que l'ancien article 1287).

Enfin la **compensation** entre les dettes réciproques du créancier et de la caution est une cause d'extinction du cautionnement, au moins partielle, que l'on rencontre en pratique. Tel sera le cas si, par exemple, le créancier est condamné à payer des dommages et intérêts à la caution en raison d'une responsabilité retenue à son encontre (cf. infra fiche n° 19). Dans l'hypothèse où la créance de la caution sur le créancier est supérieure ou égale à son obligation, alors celle-ci sera intégralement libérée. Dans l'hypothèse inverse, la libération de la caution ne sera que partielle.

Le décès de la caution n'est pas une cause d'extinction de l'obligation de règlement. Celle-ci se transmet à ses héritiers (article 2294 du Code civil).

B. L'extinction de l'obligation de couverture

Ainsi qu'il a été vu, l'obligation de couverture est l'obligation qui pèse sur la caution venant garantir des dettes futures (cf. supra fiche n° 13). L'extinction de l'obligation de couverture entraîne la fin du cautionnement pour l'avenir mais transforme l'obligation de la caution en obligation de règlement pour les dettes nées antérieurement à la fin de période de couverture.

La première cause d'extinction de l'obligation de couverture est l'arrivée du terme prévu si le cautionnement est à durée déterminée. Ce terme s'impose aux parties et aucune ne peut exiger le renouvellement du contrat (article 1212 nouveau du Code civil). Le créancier pourra toutefois toujours agir contre la caution postérieurement à ce terme en exécution de son obligation de règlement (cf. supra).

Si le cautionnement est à durée indéterminée, la caution dispose d'une faculté de résiliation unilatérale. Cette solution traditionnelle en jurisprudence a été consacrée par l'article 1211 du Code civil. La caution devra toutefois respecter un délai de préavis raisonnable si les parties n'en ont pas prévu dans le contrat de cautionnement.

Enfin, le décès de la caution est une cause d'extinction de l'obligation de couverture. La Cour de cassation juge depuis 1982 que si l'obligation de couverture n'est pas transmise aux héritiers, l'obligation de règlement leur est transmissible pour les dettes qui sont nées du vivant de la caution (Cass. com. 29 juin 1982, n° 80-14160).

II. L'extinction par voie accessoire

En raison du caractère accessoire, l'obligation de la caution s'éteint chaque fois que la dette garantie est elle-même éteinte par une cause quelconque. L'extinction du cautionnement consécutive à celle de l'obligation principale résulte directement de l'article 2313 alinéa 1er, selon lequel « la caution peut opposer au créancier toutes les exceptions qui appartiennent au débiteur principal et qui sont inhérentes à la dette ». Il ne saurait, à première vue, y avoir d'exception plus inhérente à la dette que son extinction.

Là encore, les causes habituelles d'extinction de l'obligation principale sont susceptibles d'affecter le cautionnement.

Il en va, en premier lieu, du **paiement**. Il s'agit à vrai dire de l'issue espérée normale de l'opération de cautionnement : le débiteur principal paie le créancier libérant ainsi la caution qui a joué son rôle de garantie. Cette cause d'extinction ne joue toutefois qu'à certaines conditions : le paiement doit avoir été valable, libératoire et fait par le débiteur principal. Si le paiement a été effectué par un tiers, le débiteur est certes libéré par rapport au créancier mais le tiers est subrogé dans les droits de celui-ci : débiteur et caution sont désormais tenus à son égard.

Lorsque le débiteur principal et le créancier sont réciproquement créanciers et débiteurs l'un de l'autre d'une obligation certaine, liquide et exigible, la **compensation** peut alors jouer entre eux. Cette compensation éteindra alors l'obligation de la caution qui peut l'opposer au créancier (article 1347-6 nouveau du Code civil).

La **novation** entraîne en principe l'extinction du cautionnement garantissant l'obligation éteinte, à moins que la caution n'ait entendu garantir la dette nouvellement créée. Les conditions de la novation devront être remplies (cf. supra) : extinction de l'obligation principale, création d'une nouvelle obligation qui vient s'y substituer, intention de nover.

La **remise de dette** que le créancier accorde volontairement au débiteur principal libère également les cautions ainsi qu'en dispose l'article 1350-2 du code civil. Toutefois la remise de dette ne libèrera pas la caution si cette remise est accordée au débiteur mais imposée au créancier dans le cadre d'une procédure de surendettement ou dans le cadre d'un plan de redressement de l'entreprise débitrice (article L. 631-20 du Code de commerce).

Enfin, l'extinction de l'obligation principale par **prescription** entraîne également celle du cautionnement.

À retenir

- Le cautionnement étant un contrat, il peut s'éteindre par voie principale selon les causes habituelles d'extinction des obligations. Cette extinction n'a pas d'incidence sur l'obligation garantie.
- L'extinction par voie principale n'a pas la même incidence selon qu'il y ait extinction de l'obligation de règlement de dettes présentes ou extinction de l'obligation de couverture de dettes futures.
- L'extinction de l'obligation de règlement libère la caution vis-à-vis du créancier.
- L'extinction de l'obligation de couverture laisse subsister une obligation de règlement pesant sur la caution pour les dettes nées pendant la période de couverture.
- Le cautionnement étant un contrat accessoire, il peut s'éteindre par voie accessoire en cas d'extinction de l'obligation qu'il garantit.

Fiche 16

La mise en œuvre du cautionnement : les exceptions opposables par la caution

Le cautionnement peut s'éteindre de deux manières. Le cautionnement peut tout d'abord s'éteindre par **voie principale**. Ce sera le cas si, en raison de la défaillance du débiteur garanti, la caution sollicitée par le créancier a dû exécuter ses obligations. La caution est alors tenue d'exécuter son engagement, le cautionnement produisant alors ses effets (cf. supra fiche n° 13). Il peut ensuite s'éteindre par **voie accessoire**. En effet, l'obligation de la caution s'éteint en principe chaque fois que la dette garantie est elle-même éteinte par une cause quelconque. À ce titre, si la fin normale du contrat de cautionnement réside dans l'exécution de son obligation par le débiteur principal, il est possible que l'obligation garantie n'existe plus pour une tout autre raison. Dans ce dernier cas, la caution peut opposer au créancier certaines **exceptions** qui, par l'effet du **caractère accessoire** du contrat de cautionnement, éteindront celui-ci par voie accessoire. Ces exceptions sont de deux ordres : elles tiennent au défaut de validité de l'obligation principale (I) et à l'extinction de celle-ci (II).

I. Le défaut de validité de l'obligation principale

Le premier alinéa de l'article 2289 du Code civil pose que l'on ne peut cautionner qu'une obligation valable. Bien que nullité ne soit pas à proprement parler une cause d'extinction des obligations, elle est sans conteste une exception que la caution peut opposer au créancier.

La caution peut se prévaloir de la nullité du contrat principal par voie d'action, dans le délai de prescription applicable à l'obligation principale, ou par voie d'exception, sans délai, l'exception étant imprescriptible.

Attention

Toutefois, la jurisprudence refuse que la caution bénéficie de l'exception de nullité si l'obligation principale a déjà été en partie exécutée (V. Cass. Civ. 1re, 9 novembre 1999; Bull. Civ. 1999, I, n° 298; JCP G 2000, II, 10335, note Seraglini. Cass. Civ. 3e, 9 juillet 2003: RJDA 1/2004, n° 15. Cass. com., 8 octobre 2003: RJDA 3/2004, n° 272). Cette solution est surprenante car s'il est compréhensible que le cocontractant lui-même ne puisse plus opposer l'exception de nullité en cas d'exécution partielle, c'est qu'il est censé avoir confirmé le contrat nul. Mais la caution est en principe étrangère à ces actes d'exécution. La formule finale de l'ancien article 1338 du Code civil reprise à l'article 1182 actuel («sans préjudice néanmoins du droit des tiers») est d'ailleurs interprétée en ce sens que la confirmation ne saurait avoir d'effet vis-à-vis de la caution. Il est dès lors curieux qu'elle se voit refusé d'invoquer l'exception de nullité dans ces conditions.

Le caractère accessoire du cautionnement postule en outre que la caution puisse opposer au créancier toutes les exceptions appartenant au débiteur principal et qui sont inhérentes à la dette. Toutefois, par un arrêt du 8 juin 2007, la chambre mixte de la cour de cassation est fâcheusement venue se cantonner à une lecture littérale des articles 2289 et 2313 en décidant que seules les exceptions inhérentes à la dette pouvaient être opposées par la caution, et non les exceptions purement personnelles au débiteur telles que les vices du consentement (cf supra fiche n° 12).

II. L'extinction de l'obligation principale

Toujours en raison du caractère accessoire, la caution pourra valablement faire valoir l'extinction de son obligation si l'obligation principale est éteinte par l'une des causes habituelles d'extinction des obligations, avec (A) ou sans (B) satisfaction du créancier.

A. L'extinction avec satisfaction du créancier

Le cautionnement sera éteint si le créancier a obtenu le paiement attendu de la part de son débiteur. C'est l'issue normale. Toutefois, le paiement n'éteindra l'obligation principale et donc le cautionnement qu'à deux conditions: il faut qu'il soit total (car un paiement partiel n'éteint que partiellement la dette et laisse subsister le cautionnement pour le solde), et qu'il ait été effectué par le débiteur principal (Si c'est un tiers qui paye, la dette n'est pas éteinte mais simplement transmise à celui-ci si les conditions de la subrogation sont réunies).

Exemple

Si la dette est partiellement cautionnée, le paiement partiel s'impute, sauf convention contraire, sur la partie de la dette non cautionnée, la caution restant tenue tant que la dette n'est pas intégralement payée (Cass. com., 28 janv. 1997 : Bull. civ. 1997, IV, n° 28 ; D. 1997, somm. p. 166, obs. Aynès).

La caution sera également libérée si le créancier a obtenu une prestation différente de celle prévue, mais néanmoins jugée satisfactoire. Ce sera le cas de la dation en paiement (article 2315), ou encore si, étant lui-même devenu débiteur du débiteur cautionné, les conditions de la compensation sont remplies. L'article 1294 al. 1er permet en effet à la caution simple d'opposer l'exception de compensation au créancier. La doctrine et la Cour de cassation admettent par ailleurs que la caution solidaire peut également se prévaloir de l'exception de compensation (Cass. Civ. 1re, 1er juin 1983, *Bull. civ.* 1983, I, n° 165. Com. 19 janvier 1993, *Bull. civ.* 1993, IV, n° 15).

B. L'extinction sans satisfaction du créancier

Les causes d'extinction de l'obligation principale sans satisfaction du créancier sont nombreuses et l'article 1234 du Code civil en donne une liste. On peut ainsi citer, entre autres causes, la résolution, la résiliation, la remise de dette consentie par le créancier, la confusion (réunion des qualités de débiteur et de créancier sur la tête de la même personne, par succession ou par cession, articles 1349 et 1349-1 al. 2 du Code civil), la transaction, la novation, etc...

À retenir

- La caution peut opposer l'exception de nullité de l'obligation principale au créancier. Toutefois elle ne peut opposer des exceptions qui sont purement personnelles au débiteur principal comme l'incapacité ou un vice du consentement.
- La caution peut en outre échapper à son obligation si l'obligation principale est éteinte, qu'il y ait eu ou non satisfaction du créancier.

Pour en savoir plus

- Ch. Mouly, *Les causes d'extinction du cautionnement*, Litec, 1979, préf. Cabrillac
- V. Fiche n° 11.

Fiche 17

La mise en œuvre du cautionnement : les recours de la caution

Le cautionnement est une sûreté personnelle et, sauf l'hypothèse où la caution serait animée d'une intention libérale envers le débiteur garanti, elle n'entend pas supporter le poids définitif de la dette. Si elle s'est obligée à la dette, elle n'entend pas contribuer à la dette (V. Fiches n° 2 et 4). La caution qui aura payé en lieu et place du débiteur principal dispose donc de recours en remboursement contre celui-ci (I). Elle dispose également de recours contre les autres cofidéjusseurs si la dette était garantie par plusieurs cautionnements (II).

I. Les recours contre le débiteur principal

La caution dispose de deux recours, l'un après paiement, l'autre avant paiement.

A. Les recours après paiement

Il résulte de la définition même du cautionnement et de sa finalité que, si le créancier a dû mettre en œuvre la sûreté, faute d'avoir été payé par le débiteur principal, la caution est en droit de réclamer à ce dernier le remboursement de ce qu'elle a payé puisqu'elle a réglé une dette qui n'était pas la sienne. Le Code civil lui ouvre deux recours après paiement.

L'article **2305** ouvre tout d'abord à la caution un **recours personnel** qui découle de sa qualité de caution, et ce recours lui est ouvert alors même qu'elle se serait engagée à l'insu du débiteur principal. Ce recours personnel **permet à la caution d'espérer le remboursement le plus complet** car le débiteur lui est redevable non seulement de la somme que la caution aura payée au créancier, mais également des intérêts sur cette somme qui courent de plein droit, ainsi que des dommages et intérêts pour les préjudices que la mise en œuvre du cautionnement aurait pu causer à la caution. La jurisprudence précise bien que les intérêts dus par le débiteur à la caution dans le cadre de ce recours sont ceux produits par la somme payée au créancier depuis la date du paiement, et non ceux payés par la caution au titre du règlement de l'obligation principale (Cass. Civ. 1re, 18 décembre 1978, *Bull. civ.* 1978, I, n° 391).

Cette action est la plus avantageuse si le débiteur est solvable. Ce recours est subordonné à un paiement fait par la caution, paiement qui doit être valable et libératoire pour le débiteur à l'égard du créancier. Il s'agit donc d'une action en remboursement. S'agissant d'un droit propre de la caution, l'action personnelle est soumise à la prescription de droit commun, qui ne commence à courir que du jour du paiement fait par elle (5 ans depuis la loi du 17 juin 2008).

L'article **2306** ouvre par ailleurs à la caution un **recours subrogatoire**. Le texte dispose en effet que « la caution qui a payé la dette est subrogée dans tous les droits qu'avait le créancier contre le débiteur ». Cette disposition n'est elle-même qu'une application du nouvel article 1346 du Code civil qui dispose que « la subrogation a lieu par le seul effet de la loi au profit de celui qui, y ayant un intérêt légitime, paie dès lors que son paiement libère envers le créancier celui sur qui doit peser la charge définitive de tout ou partie de la dette » (ancien article 1251, 3°). L'exercice de cette voie de recours est subordonné aux mêmes conditions que pour l'article 2305 (paiement valable et libératoire).

Le principal avantage du recours subrogatoire est que la caution pourra par cette voie récupérer les droits préférentiels et les sûretés dont le créancier pouvait se prévaloir à l'encontre du débiteur principal. Elle pourrait ainsi réclamer le paiement de l'intégralité de la créance à chaque codébiteur solidaire (s'il y en a), ou demander la mise en œuvre d'une sûreté réelle qui venait garantir par ailleurs la même créance (si le créancier particulièrement précautionneux s'était entouré d'autres garanties). La caution est toutefois limitée dans ce qu'elle pourra obtenir du débiteur principal : elle ne peut réclamer que le remboursement de ce qu'elle a payé au créancier. En revanche le délai d'action est emprunté à celui de l'action du créancier qui peut être plus bref ou déjà partiellement écoulé au moment où elle-même aura payé. La caution ne pourra donc agir utilement que si cette action n'est pas prescrite.

Il faut en outre préciser deux points concernant l'un et l'autre recours. En premier lieu, **la caution peut agir contre le débiteur sur les deux fondements**. La Cour de cassation a admis que le fait, pour une caution, d'avoir saisi le tribunal sur le fondement de l'article 2306 ne lui interdisait pas d'invoquer en cours d'instance les dispositions de l'article 2305 (Cass. com., 30 nov. 1948, *Bull. civ.* 1948, II, n° 264). En second lieu, **l'article 2308 prive la caution de recours contre le débiteur dans deux cas** : lorsqu'elle a payé sans avoir averti le débiteur et que celui-ci paye une deuxième fois (al. 1er) et lorsqu'elle a payé sans avoir été poursuivie et sans avoir averti le débiteur alors que celui-ci avait les moyens de faire déclarer la créance éteinte (al. 2). L'article 2308 sanctionne ainsi une négligence de la caution : puisque la dette doit normalement être payée par le débiteur lui-même, la caution ne doit pas prendre d'initiatives intempestives sans en avertir le principal intéressé. Cette déchéance concerne aussi bien l'action personnelle que l'action subrogatoire. La caution dispose dans ce cas d'une action en répétition de l'indu à l'encontre du créancier.

B. Le recours avant paiement

De manière originale, les articles 2309 et 2316 du Code civil ouvrent à la caution un recours contre le débiteur principal alors même qu'elle n'a pas encore payé le créancier. Le caractère insolite d'un tel recours (pour reprendre les mots de Ph. Simler) justifie que les cas d'ouverture soient en nombre limités et qu'ils soient d'interprétation stricte. L'article 2309 énumère cinq cas auxquels il faut ajouter celui prévu à l'article 2316. Ce recours avant paiement est un recours personnel qui s'explique par le caractère de service d'ami attaché traditionnellement au cautionnement (V. fiche n° 5) : il traduit un objectif de protection et de prévention au terme duquel le service consenti au débiteur par la caution doit être allégé le plus possible pour celle-ci. Les six cas d'ouverture correspondent à ces idées. La caution peut ainsi exercer le recours avant paiement parce qu'elle est sur le point de devoir payer (art. 2309, 1° : elle est poursuivie en justice pour le paiement) ou risque de devoir le faire très certainement à brève échéance (art. 2309, 2° et 3° : le débiteur est en faillite, en déconfiture, ou s'est obligé à décharger la caution dans un certain temps), parce qu'elle elle voit son obligation prolongée au-delà de ses prévisions (art 2309, 3° et 4°, et art. 2316 : le débiteur aurait dû décharger la caution, la dette est devenue exigible, le créancier a accordé une prorogation du terme au débiteur) ou au-delà d'un délai raisonnable (art. 2309, 5° : au bout de 10 ans lorsque l'obligation principale n'a pas de terme fixe) « ce qui l'autorise derechef à rappeler au débiteur ses obligations à son propre égard et de se prémunir contre les risques supplémentaires d'insolvabilité qu'elle n'entend pas assumer » (Ph. Simler).

II. Les recours contre les cofidéjusseurs

L'article 2310 dispose que « Lorsque plusieurs personnes ont cautionné un même débiteur pour une même dette, la caution qui a acquitté la dette a recours contre les autres cautions, chacune pour sa part et portion. » Le recours contre les cofidéjusseurs est toutefois nécessairement divisé, ce qui empêche la caution d'obtenir un remboursement intégral. La caution dispose d'un recours personnel fondé sur l'article 2310 ainsi que d'un recours subrogatoire car, parmi les droits du créancier qu'elle récupère, elle acquiert celui d'agir contre les autres cautions.

A. Le recours personnel de l'article 2310

Le principal intérêt du recours personnel est de permettre à **la caution qui a payé** de réclamer aux cofidéjusseurs, outre leur part et portion dans le principal de la dette, les intérêts de ce qu'elle a payé et les frais exposés, dans la même proportion. Ce recours n'est toutefois ouvert que lorsque la caution a payé dans l'un des cas prévus à l'article 2309 (cf. supra). Encore faut-il préciser que la caution **doit avoir payé en qualité de caution** et non en raison d'une autre dette qu'elle avait contractée auprès du même créancier.

Bien évidemment, la caution qui exerce ce recours ne peut récupérer que la part et la portion de ce que devait chaque cofidéjusseur. En d'autres termes, « ce recours ne saurait avoir pour effet de la décharger de sa propre part et portion » (Cass. Civ. 1re, 14 octobre 1981, *Bull. civ.* 1981, I, n° 290).

Puisqu'il s'agit d'une action personnelle, le délai de prescription (délai de droit commun) court à compter du jour du paiement.

B. Le recours subrogatoire

Aucun texte ne dispose spécialement que la caution ayant payé la dette est subrogée dans les droits du créancier contre les autres cautions. Mais cela ne signifie pas qu'elle est privée de la subrogation car l'article 1346 (ancien article 1251, 3°) s'applique également ici. La caution, en désintéressant le créancier, recouvre les droits dont il disposait contre les autres cofidéjusseurs puisqu'il pouvait agir contre n'importe lequel d'entre eux. Ce recours subrogatoire peut également être fondé sur l'article 2306 même s'il concerne la relation entre la caution et le débiteur principal. En effet, parmi les droits dont disposait le créancier contre le débiteur figure, en effet, l'action contre les cautions de ce débiteur.

Par rapport au recours personnel de l'article 2310, l'exercice du recours fondé sur la subrogation ne peut présenter des avantages que dans certains cas. Par exemple, si un cofidéjusseur est lui-même garanti par un certificateur de caution. Par la voie de la subrogation, la caution pourra agir contre ce certificateur, alors que le recours personnel ne le permet pas. Cependant, et à l'inverse du recours personnel, le recours subrogatoire ne permet de ne recouvrer que ce qui a été payé au créancier.

Comme toujours en matière de subrogation, l'action s'inscrit ici dans le délai de prescription de l'action dont disposait le créancier lui-même.

À retenir

- La caution dispose de deux recours contre le débiteur principal après qu'elle a payé le créancier : un recours personnel en sa qualité de caution et un recours subrogatoire en sa qualité de subrogée aux droits du créancier. Le recours personnel de l'article 2305 permet à la caution non seulement d'être remboursée mais également d'être indemnisée en cas de préjudice. Il se prescrit par 5 ans à compter du paiement fait par la caution. Le recours subrogatoire de l'article 2306 lui permet de n'obtenir que le remboursement que de ce qu'elle a payé au créancier. Elle peut toutefois récupérer le bénéfice des droits préférentiels et des sûretés dont le créancier disposait contre le débiteur principal. La caution doit agir dans le délai qui court à l'encontre du créancier.

- La caution dispose d'un recours avant paiement contre le débiteur principal, recours enfermé dans six cas d'interprétation stricte en raison de son particularisme.
- La caution dispose enfin de recours contre les cofidéjusseurs qui ne lui permettent pas de se voir déchargée de sa propre part et portion dans la dette. Elle a un recours personnel fondé sur l'article 2310 et enfermé dans des cas strictement entendus, ainsi qu'un recours subrogatoire fondé sur l'article 1251, 3° du Code civil dont l'intérêt peut s'avérer le plus souvent limité.

Pour en savoir plus

- I. Despres, « De l'inexistence du recours avant paiement entre cofidéjusseurs », *RLDC* nov. 2004, p. 23 et *RLDC* déc. 2004, p. 23
- G. Mégret, *Les recours du garant*, PUAM 2011, préf. Stoffel-Munck
- J. Mestre, « La pluralité d'obligés accessoires », *RTD Civ.* 1981, p. 1.
- G. Piette, *Cautionnement, Rep. civ. Dalloz.*
- Ph. Simler, *Cautionnement, J.-Cl. Civil* art. 2288 à 2320, fasc. 50 et 55

POUR S'ENTRAÎNER : QUESTIONS

1. En cas de recours personnel de la caution contre le débiteur principal sur le fondement de l'article 2305 du Code civil, que peut-elle obtenir ?
2. a caution dispose-t-elle toujours de recours en remboursement à l'encontre du débiteur principal ?
3. Les cas d'ouverture des recours avant paiement sont-ils d'interprétation stricte ?

RÉPONSES

1. La caution peut obtenir non seulement le remboursement des sommes qu'elle a payées au créancier au titre de l'obligation principale (capital + intérêts), le paiement des intérêts produits par cette somme à compter du jour où elle a payé le créancier, ainsi que des dommages et intérêts si elle démontre que la mise en œuvre du cautionnement résultant de la défaillance du débiteur principal lui a causé un préjudice.
2. Non. L'article 2308 lui ferme ces recours si elle a manifesté trop d'empressement soit en payant le créancier sans avertir le débiteur qui

a payé une deuxième fois, soit en payant le créancier sans avertir le débiteur qui disposait de moyens pour faire déclarer la dette éteinte. Elle dispose toutefois d'une action en répétition de l'indu à l'encontre du créancier.

3. Ils le sont, en raison du caractère exceptionnel d'un recours ouvert à la caution avant même qu'elle n'ait désintéressé le créancier. Ce recours avant paiement est justifié par le caractère traditionnellement gratuit du cautionnement et par le fait que, au vu des cas d'ouverture, la caution est sur le point de payer, ou de devoir le faire à brève échéance, ou encore elle voit son engagement prolongé.

Fiche 18

Le cautionnement : la déchéance du créancier

I. La déchéance pour cautionnement disproportionné
II. La déchéance pour manquement à une obligation contractuelle d'information

Définition

La déchéance c'est la perte d'un droit. Ici la déchéance vient sanctionner le non-respect par le créancier de certaines de ses obligations.

Le législateur protège assez largement la caution en faisant peser sur le créancier des devoirs de plus en plus lourds. Ces obligations doivent être accomplies tant au stade de la formation du cautionnement qu'au stade de son exécution. Le non-respect de ces obligations par le créancier peut donc conduire à ce qu'il se retrouve déchu de tout ou partie des droits dont il disposait en vertu du contrat de cautionnement. Cette **sanction** joue de manière automatique et ne dépend pas d'un quelconque préjudice subi par la caution. La déchéance est encourue pour deux motifs : soit parce que le créancier s'est fait consentir un cautionnement manifestement excessif (I), soit parce qu'il a manqué à une obligation légale d'information (II).

I. La déchéance pour cautionnement disproportionné

En se fondant sur le droit commun des obligations tout en s'inspirant des dispositions contenues dans l'ancien article L. 313-10 du Code de la consommation (devenu L. 314-18) et issues de la loi Neiertz de 1989, **l'arrêt Macron** de 1997 avait consacré la responsabilité de l'établissement de crédit faisant souscrire un cautionnement disproportionné au patrimoine et aux revenus de la caution (V. fiche n° 12). La Cour de cassation s'est rapidement vue contrainte de limiter le champ d'application de cette solution, en excluant de son bénéfice les dirigeants de société (Cass. Com., 8 oct. 2002, Nahoum). Pour les autres cautions, l'exigence d'un engagement proportionné a connu de nombreuses applications et leur a permis d'obtenir une réduction sensible de leur obligation voire une extinction pure et simple (Par exemple pour une caution étudiant sans ressources, CA Montpellier, 27 févr. 2001, JurisData n° 2001-145321). La Cour de cassation a cependant estimé qu'à partir du moment où la caution dispose de revenus et d'un patrimoine, le montant du préjudice subi par elle ne saurait être égal à la dette toute entière (Cass. Civ. 1re, 9 juillet 2003, *D.* 2004, p. 204, note Y. Picod). Les facultés contributives de la caution doivent en effet être appréciées en tenant compte non seulement de ses revenus mais aussi de la totalité de son patrimoine. Se fondant sur le droit commun, les juges avaient opté pour « re-proportionner » l'engagement des cautions via l'octroi de dommages et intérêts venant réduire ou éteindre l'engagement de la caution par voie de compensation.

Le législateur a de son côté étendu à toute personne physique – y compris, par conséquent, les dirigeants cautions de leur société – la solution antérieurement réservée aux cautions de crédits à la consommation : l'article L. 341-4 du Code de la consommation issu de la loi du 1er août 2003 (désormais L. 332-1) reproduit, avec un champ d'application élargi, le dispositif figurant déjà à l'article L. 313-10 du même code (désormais L. 314-18). Il a été vu que l'article L. 332-1 bénéficie à toute caution personne physique envers un créancier professionnel, de sorte que les dirigeants cautions, privés du droit d'invoquer le principe de proportionnalité depuis l'arrêt Nahoum, en bénéficient à nouveau. Ces dispositions ne sont pas fondées, contrairement aux solutions jurisprudentielles, sur l'idée de responsabilité du créancier, puisque la sanction est l'inefficacité pure et simple du cautionnement, dont le créancier ne pourra se prévaloir. Il en résulte une **déchéance** pure et simple du créancier selon le principe binaire du « tout ou rien » : si le cautionnement est proportionné, il est efficace, s'il ne l'est pas, alors le créancier ne peut s'en prévaloir.

Avant-projet : *Le système prévu par l'avant-projet revient sur l'aspect binaire contenu par le code de la consommation en s'inspirant de l'arrêt Macron. L'article 2301 disposerait ainsi que « le cautionnement souscrit par une personne physique est réductible s'il était, lors de sa conclusion, manifestement disproportionné aux revenus et au patrimoine de la caution, à moins que celle-ci, au moment où elle est appelée, ne soit en mesure de faire face à son obligation. »*

II. La déchéance pour manquement à une obligation contractuelle d'information

L'obligation d'information du créancier envers la caution a de multiples fondements. Selon les cas, le créancier doit informer la caution sur l'évolution de la dette garantie ou sur la défaillance du débiteur principal.

A. L'obligation d'information relative à l'évolution de la dette garantie

Divers textes font obligation au créancier d'informer la caution sur l'état des encours ou, autrement dit, sur l'évolution de la dette garantie (cf. supra fiche n° 14). Il y aura manquement à l'obligation si le créancier ne délivre pas l'information ou s'il délivre une information incomplète. La sanction n'est pas tout à fait la même selon les textes.

S'agissant de l'obligation imposée par les articles L. 313-22 du Code monétaire et financier, 47 II, alinéa 2 de la loi du 11 février 1994 ou de l'article L. 333-2 du Code de la consommation, la sanction consiste dans la **déchéance du droit aux intérêts** perçus depuis la précédente information jusqu'à la suivante.

Cette sanction n'est toutefois pas trop rigoureuse car la déchéance n'est ici qu'une pénalité et un forfait de réparation, non une responsabilité du banquier aboutissant à la libération de la caution. En effet, la déchéance ne porte que sur les intérêts conventionnels et ne concerne pas les autres accessoires comme par exemple les commissions. Elle ne concerne pas non plus les intérêts légaux.

L'exécution de l'obligation d'information a donné lieu la facturation d'importants frais. L'article 84 de la loi n° 2016-1691 du 9 décembre 2016 relative à la transparence, à la lutte contre la corruption et à la modernisation de la vie économique dispose que « la réalisation de cette obligation ne peut en aucun cas être facturée à la personne bénéficiaire de l'information », ce qui n'exclut pas qu'elle puisse être facturée au débiteur principal.

S'agissant de l'obligation d'information imposée par l'article 2293 alinéa 2 du Code civil, la sanction est plus lourde car la déchéance est encourue pour « tous les accessoires de la dette, frais et pénalité » et non pas seulement pour les intérêts.

Avant-projet

L'article 2303 de l'avant-projet de réforme des sûretés prévoit que « le créancier professionnel est tenu, avant le 31 mars de chaque année, de faire connaître à toute caution personne physique le montant du principal de la dette et de ses accessoires restant dus au 31 décembre de l'année précédente, sous peine de déchéance des intérêts et accessoires échus depuis la date de la précédente information et jusqu'à celle de la communication de la nouvelle information. Dans les rapports entre le créancier et la caution, les paiements effectués pendant cette période sont imputés prioritairement sur le principal de la dette. »

B. L'information sur la défaillance du débiteur principal

Le législateur a institué diverses obligations d'information aux termes desquelles les établissements de crédit doivent avertir la caution de la défaillance du débiteur principal, dès le premier incident susceptible d'être signalé au fichier des incidents de paiement (cf. supra fiche n° 14). Les articles L. 314-17, L. 333-1 du code de la consommation, et 47 II, alinéa 3, de la loi du 11 février 1994 prévoient une telle obligation au profit de la caution personne physique, le champ d'application changeant d'un texte à l'autre.

Pour les trois textes, la sanction est là encore une déchéance consistant en la privation du droit aux intérêts et pénalités échus depuis l'incident jusqu'à la délivrance de l'information.

Avant-projet

Il est prévu un article 2304 concernant les créanciers professionnels et les cautions personnes physiques selon lequel la sanction consiste en une déchéance des pénalités, intérêts et autres accessoires échus entre la date de l'incident de paiement et celle à laquelle la caution en a été informée.

À retenir

- Le législateur a prévu des cas dans lesquels le créancier peut se retrouver déchu de tout ou partie des droits que lui confère le contrat de cautionnement.
- La déchéance prévue par le Code de la consommation en cas de cautionnement manifestement disproportionné repose sur le système du « tout ou rien » contrairement à la solution imaginée par les juges sur le fondement du droit commun de la responsabilité.
- Les déchéances prévues en cas de manquement à une obligation légale d'information consistent en une perte du droit aux intérêts jusqu'à ce que l'information soit délivrée par le créancier.

Pour en savoir plus

- A.-S. Barthez, « Désordres dans les sources du contrat de cautionnement : l'exemple de l'information de la caution », *RDC* 2008, p. 587
- P. Crocq, « Sûretés et proportionnalité », *Mélanges Simler*, Dalloz-Litec, 2006, p. 291.
- A. Dumery, « Cautionnement et Code de la consommation : d'une ambition protectrice à un éclatement progressif », *RLDC* 2011, n° 79, act. 4127, p. 27
- D. Houtcieff, « Quand tout ce qui est disproportionné devient insignifiant - A propos de Cass. com., 22 juin 2010 », *D.* 2010 p. 1985.
- Y. Picod, « Proportionnalité et cautionnement. Le mythe de Sisyphe », *Mélanges Calais-Auloy*, Dalloz 2003, p. 843
- Y. Picod, « L'évolution de l'obligation d'information de la caution pendant l'exécution du contrat », *Mélanges Simler*, Dalloz-Litec 2006, p. 395
- G. Piette, « A propos de la loi n° 2003-721 du 1er aout 2003 pour l'initiative économique, sanction du cautionnement disproportionné », *Dr patr.* 2004, n° 127, p. 44.

POUR S'ENTRAÎNER : VRAI/FAUX

1. En cas de cautionnement manifestement proportionné, le Code de la consommation permet au juge de réduire l'engagement de la caution. Vrai ou faux ?
2. L'établissement de crédit qui manque à son obligation d'informer la caution quant à l'évolution de la dette garantie s'expose à une déchéance de son droit aux intérêts. Vrai ou faux ?
3. L'obligation d'information résultant de L. 313-22 du Code monétaire et financier ne s'impose pas aux établissements de crédit lorsque la caution est une caution « avertie ». Vrai ou faux ?

RÉPONSES

1. Faux. C'était la solution imaginée par les juges dans l'arrêt Macron (Responsabilité du créancier se traduisant par des dommages et intérêts venant s'imputer sur l'engagement de la caution, et donc le réduisant d'autant). L'article L. 332-1 (ancien 341-4) du Code de la consommation empêche le créancier de se prévaloir d'un cautionnement manifestement disproportionné. L'avant-projet de réforme des sûretés prévoit toutefois de permettre au juge de réduire l'engagement de la caution en cas de disproportion de celui-ci.
2. Vrai. Il sera déchu des intérêts courant entre la précédente information jusqu'à la suivante. Si par exemple l'établissement de crédit ne délivre l'information sur la situation de la dette au 31 décembre 2012 que le 31 août 2013, il perd le droit aux intérêts sur celle-ci entre la précédente information (par exemple 31 mars 2012) jusqu'à la date de la nouvelle information (31 août 2013).
3. Faux.

Fiche 19
Cautionnement : la responsabilité du créancier

Définition

La perte du bénéfice de cession d'action ou de subrogation est un cas particulier de responsabilité du créancier qui, par sa faute, rend illusoire le recours subrogatoire de la caution envers le débiteur principal.

Hors des cas de déchéance vus précédemment (V. fiche n° 15), la caution peut mettre en jeu la responsabilité du créancier dans plusieurs cas. Le droit du cautionnement prévoit une responsabilité spécifique à l'article 2314 du Code civil en cas de perte du bénéfice de cession d'action ou de subrogation (I). Parmi les nombreux cas de responsabilité qui peuvent être invoqués par la caution, le manquement à une obligation générale d'information mérite quelques lignes (II). Enfin, lorsqu'elle est retenue, la responsabilité du créancier peut être source de difficultés (III).

I. La responsabilité pour perte du bénéfice de cession d'action ou de subrogation

L'article 2314 du Code civil dispose que « la caution est déchargée lorsque la subrogation aux droits, hypothèques et privilèges du créancier, ne peut plus, par le fait du créancier, s'opérer en faveur de la caution » et précise en son alinéa second que toute clause contraire est réputée non écrite. Ce texte tire une conséquence particulière de la subrogation en faisant de la perte ou de la privation du bénéfice de la subrogation une cause d'extinction du cautionnement. Il se peut en effet qu'en négligeant de poursuivre le débiteur principal au moment où il était solvable, le créancier cause un préjudice à la caution qui a payé lorsque, exerçant par la suite son recours en remboursement contre le débiteur principal, elle se heurte à son insolvabilité. On conçoit donc que le créancier ne puisse pas impunément priver la caution des avantages que lui procurent la subrogation. Il s'agit ni plus ni moins que d'une responsabilité du créancier et, à ce titre, **trois conditions** doivent être réunies : un droit susceptible de profiter à la caution par voie de subrogation doit tout d'abord avoir été perdu (A), cette perte doit ensuite être intervenue « par le fait du créancier » (B), enfin la libération de la caution est subordonnée à la condition qu'elle ait éprouvé un préjudice, celui-ci étant aussi la mesure de sa décharge (C).

A. Le droit perdu par la caution : la perte du bénéfice de subrogation ou la subrogation illusoire

Le jeu de l'article 2314 semble permettre de décharger la caution chaque fois qu'elle se trouve privée d'avantage de la subrogation dans un **droit**, une **hypothèque** ou un **privilège du créancier**.

Malgré la généralité de l'expression « droit du créancier », il ne peut s'agir en réalité que d'un droit susceptible de profiter à la caution par voie de subrogation, donc d'un droit qui ajoute un avantage à la situation de créancier chirographaire. Ce droit préférentiel est entendu comme « tout droit susceptible de conférer à son titulaire une facilité plus grande dans la perception de sa créance » (Ch. Mouly). Ainsi, la perte ou la réduction du droit de gage général ne saurait justifier la décharge de la caution puisqu'il ne confère, par définition, aucun droit préférentiel (cf. fiche n° 1). La simple insolvabilité du débiteur ne permet donc pas à la caution de se prévaloir de l'article 2314. Il faut qu'il s'agisse d'un droit qui aurait été de nature à avantager la caution subrogée par rapport aux autres créanciers chirographaires si ce droit n'avait pas été perdu. La caution ne peut donc être déchargée en application de l'article 2314 que si le créancier a perdu, laissé perdre ou a omis de constituer des droits ou des sûretés qui étaient entrés dans la prévision de la caution.

Exemples

Des cautions ont ainsi pu bénéficier d'une décharge en cas de perte fautive par le créancier de l'action directe du sous-traitant (Cass. com., 14 janv. 2004, JCP 2004, I, 188, n° 10), du bénéfice de la compensation (CA Riom, 7 oct. 1962 : D. 1962, p. 479, note Honorat) ou encore si le créancier omet de déclarer sa créance à la procédure collective ouverte contre un codébiteur solidaire ou contre un cofidéjusseur (Cass. com., 20 févr. 2001, Bull. civ. 2001, IV, n° 40). La jurisprudence assimile en outre à la perte de droits le dépérissement par négligence du créancier de l'objet du droit : la subrogation est théoriquement possible mais en réalité totalement inefficace (Civ. 1re, 23 janvier 1980, D. 1980, IR, p. 408 : le créancier néglige de poursuivre le débiteur et l'accumulation du passif rend illusoire la subrogation).

Seuls les droits qui existaient au moment du cautionnement peuvent justifier la mise en œuvre de l'article 2314, sauf si le créancier s'était obligé à constituer des droits ou qu'il devait normalement les constituer.

B. La faute du créancier

Il ne suffit pas, pour que la caution soit déchargée, qu'elle se trouve privée des avantages de la subrogation dans un droit préférentiel, mais qu'il faut que ce défaut de subrogation soit dû au « fait du créancier ». Doctrine et jurisprudence admettent très majoritairement que le texte exige en réalité une faute du créancier. À ce titre la jurisprudence retient aussi bien le fait positif que la simple négligence. Il faut, en d'autres termes, que le créancier ait eu un comportement qui n'aurait pas été celui d'un créancier normalement diligent.

Exemples

Au titre des ***fautes de commission***, on peut citer la mainlevée prématurée d'une hypothèque ou encore la mainlevée d'une saisie-exécution. Le moment auquel sont intervenus les actes ainsi reprochés au créancier est en principe indifférent. Au titre de la ***négligence***, la jurisprudence considère qu'il y a faute si le créancier compromet par son abstention dans l'exercice d'une faculté les intérêts de la caution (Ch. mixte, 17 novembre 2006, JCP ed. E 2007, 1776, n° 13 ; Com. 19 février 2009, JCP 2009, I, 150 n° 14). Les abstentions que le créancier peut se voir reprocher ne sont pas moins diverses que les faits positifs : défaut d'inscription de la sûreté constituée sur le registre public prévu à cet effet, défaut de renouvellement d'une telle inscription... Des cautions ont ainsi été déchargées pour omission d'inscription par le créancier d'une hypothèque ou pour omission d'inscription du privilège du prêteur de deniers (Cass. civ. 1re, 3 avr. 2007, Bull. civ. 2007, I, n° 138).

C. Le préjudice de la caution

Aux deux conditions posées par l'article 2314, la jurisprudence exige en plus que la caution ait subi un préjudice. Il s'agit de conserver au cautionnement son intérêt en évitant que la caution ne puisse échapper à son obligation sous le prétexte de la perte d'un droit auquel elle aurait pu être subrogée, s'il est établi que ce droit ne lui aurait été d'aucune utilité (jurisprudence constante depuis Cass. civ., 6 août 1873, *DP* 1873, 1, p. 402).

La logique veut que la caution ne soit déchargée que dans la mesure du préjudice qu'elle subit. Si le droit perdu était voué à l'inefficacité ou si, inversement, il existe suffisamment d'autres droits susceptibles de donner pleine satisfaction à la caution subrogée, aucune décharge de la caution ne se justifie.

II. Le manquement à une obligation générale d'information

Les effets spécifiques du contrat de cautionnement n'excluent pas que soit recherchée la responsabilité contractuelle voire délictuelle du créancier sur le terrain du droit commun. Cette responsabilité est encourue s'il s'est obligé envers la caution et qu'il n'a pas respecté ses engagements (par ex. l'engagement de veiller à l'affectation des fonds prêtés, de surveiller les comptes du débiteur, de constituer d'autres garanties). Parmi les cas de responsabilité les plus souvent invoqués figure le manquement à une obligation générale d'information.

L'instauration d'obligations légales d'information, assorties de sanctions spécifiques, a réduit la possibilité de mise en jeu de la responsabilité du droit commun, sans l'exclure cependant. La jurisprudence a tôt admis qu'une obligation de renseignement pouvait peser sur le créancier à l'égard de la caution, par application des principes généraux du droit des contrats, spécialement de celui de leur exécution de bonne foi, et ce sur le fondement de l'article 1116 ancien du Code civil. La dernière jurisprudence distingue un devoir de mise en garde et un devoir d'éclairer ou de conseiller pesant sur le créancier banquier (V. fiche n° 10).

Le **devoir de mise en garde**, ayant pour objet les risques de l'opération ou la disproportion de l'engagement, ne s'exercerait qu'envers les seules débiteurs profanes, qu'ils soient débiteurs principaux (Cass. com., 12 déc. 2006, *JCP E* 2007, 1310, note D. Legeais) ou cautions (Cass. com., 20 juin 2006, *JCP G* 2006, II, 10122, 4e esp., note Gourio, et *JCP E* 2006, 2271 note D. Legeais). Sont considérés comme débiteurs avertis ou **cautions « averties »** non seulement, et sauf circonstances exceptionnelles, les dirigeants de sociétés, mais toutes autres personnes, notamment les associés « impliqués » dans l'opération garantie (par ex. Com. 3 février 2009, *JCP G* 2009, I, 150 n° 6 obs. Simler).

Le **devoir d'éclairer ou de conseiller** bénéficierait à tous les débiteurs et cautions, qu'ils soient profanes ou avertis (Cass. ass. plén., 2 mars 2007, *JCP G* 2007, *D.* 2007, p. 985, note S. Piedelièvre). La Cour de cassation se montre toutefois plus sévère avec les cautions averties puisqu'elle a estimé que la caution avertie ne peut engager la responsabilité de la banque fondée sur un manquement au devoir de conseil et soutien abusif que si elle démontre que le créancier disposait d'informations qu'elle aurait ignorées (Cass. com. 2 octobre 2012, n° 11-21.847, *Rev. dr. banc. et fin.*, nov. 2012, comm. 184, D. Legeais).

III. Conséquences de la responsabilité du créancier

La responsabilité du créancier, lorsqu'elle est retenue, va se traduire par la condamnation de celui-ci à des dommages et intérêts au profit de la caution. Une telle conséquence peut être source de **difficultés**. En effet, la caution, par l'octroi de dommages et intérêts, va se trouver déchargée de son obligation, au moins partiellement. Elle est alors réputée avoir payé sa dette par voie de compensation (compensation entre ce qu'elle doit au créancier au titre du cautionnement et ce que lui doit le créancier au titre des dommages et intérêts) et se trouve en droit d'exercer ses recours contre le débiteur principal ou contre les cofidéjusseurs. Or le produit de ces recours pourrait lui procurer un enrichissement ce qui est contraire à l'esprit des sûretés (V. fiche n° 2). On pourrait toujours, dans ce cas, lui opposer l'enrichissement sans cause.

La Cour de cassation semble considérer que cette compensation vient directement réduire l'obligation de la caution. Dans une espèce, l'un des deux cofidéjusseurs solidaires avait bénéficié d'une compensation intégrale ce qui le déchargeait totalement. Le créancier s'était alors retourné vers l'autre caution. La Chambre commerciale a alors posé le principe que « si la caution solidaire ne peut opposer la compensation de ce que le créancier doit à son cofidéjusseur, elle peut se prévaloir de l'extinction totale ou partielle, par compensation, de la dette garantie et en a déduit que l'extinction de la dette garantie bénéficiait à tous les cofidéjusseurs » (Cass. com., 13 déc. 2005, *Bull. civ.* IV, n° 248 ; *D.* 2006, p. 988, note J. François).

À retenir

- La caution peut engager la responsabilité du créancier sur le fondement de l'article 2314 du Code civil si, par sa faute, son action subrogatoire envers le débiteur principal s'avère illusoire. La caution devra toutefois faire la démonstration d'un préjudice, faute de quoi elle ne pourra se voir octroyer des dommages et intérêts.
- Sur le fondement de l'obligation générale de contracter de bonne foi, le créancier est tenu d'une obligation d'information. On distingue cependant deux types d'obligations : un devoir de mise en garde qui ne bénéficie pas aux cautions averties, et un devoir de conseil qui bénéficie à toute caution, qu'elle soit avertie ou profane.
- L'exercice par la caution de son action en responsabilité contre le créancier ne saurait être source d'enrichissement pour celle-ci. Les dommages et intérêts se compensent avec son obligation de caution.

Pour en savoir plus

- E. Azin, « Retour sur le devoir de mise en garde du prêteur », *Banque et droit* mars-avr. 2010, p. 23
- A.-S. Barthez, « Désordres dans les sources du contrat de cautionnement : l'exemple de l'information de la caution », *RDC* 2008, p. 587
- A. Dumery, « Cautionnement et Code de la consommation : d'une ambition protectrice à un éclatement progressif », *RLDC* 2011, n° 79, act. 4127, p. 27.
- E. Palvadeau, « Réflexions sur la caution avertie », *Dr et patr.* 2012, n° 218

Fiche 20
Les cautionnements de second rang

Définition

La certification de caution c'est le cautionnement du cautionnement.

Le sous-cautionnement c'est la garantie par un cautionnement du recours en remboursement dont dispose la caution contre le débiteur principal.

Il est possible de combiner plusieurs cautionnements. À côté des cautionnements juxtaposés, de pratique courante, le Code civil propose également une configuration plus rarement mise en œuvre, où les cautionnements sont superposés : la certification de caution, qui n'est autre chose qu'un cautionnement de la caution au bénéfice du même créancier (I). La pratique a plus récemment révélé une autre combinaison, beaucoup plus fréquente : le sous-cautionnement, caractérisé par le fait que la caution est elle-même contre-garantie par une autre caution (II).

I. La certification de caution

L'article 2291 al. 2 du Code civil dispose l'on peut se rendre caution d'une caution. Puisque toute obligation valable peut être garantie par un cautionnement, le fait qu'une obligation soit elle-même un cautionnement n'est pas, en effet, un obstacle. Si le créancier a exigé la fourniture d'une caution, c'est en raison de sa crainte de voir le débiteur principal ne pas exécuter son obligation. Mais le créancier peut également craindre que la caution soit elle-même, le moment venu, défaillante. Il peut vouloir faire garantir ce risque par une autre caution. On sera alors en présence d'un cautionnement au second degré : l'engagement de la première caution sera lui-même garanti par une caution, appelée « *certificateur de caution* ». Le certificateur s'engage donc à payer la dette en cas de défaillance, non du débiteur principal, mais de la caution. Le recours à la certification de caution est relativement rare, car il est plus avantageux pour le créancier d'exiger l'engagement d'une ou plusieurs autres cautions en qualité de cofidéjusseurs, si possible solidaires, que de mettre en place plusieurs cautionnements en cascade. Le certificateur est, tout simplement, la caution de la caution.

Figure 4

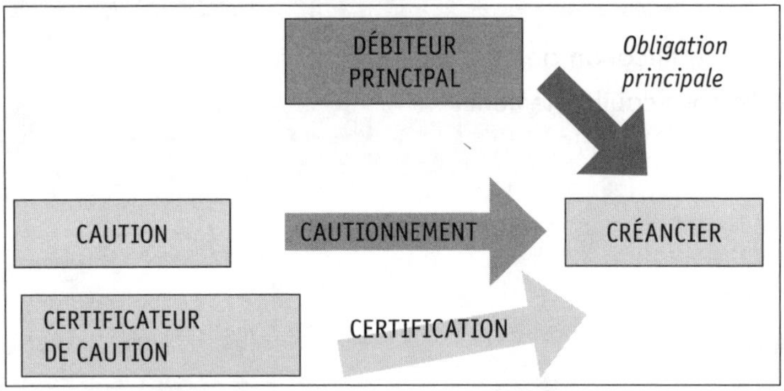

Le schéma de la certification est le même que celui du cautionnement, il est simplement décalé d'un cran : dans la certification, la caution joue le rôle de débiteur principal et le certificateur joue le rôle de la caution, seul le créancier conservant sa place.

Le régime de la certification de caution est celui de tout cautionnement, étant précisé que c'est l'obligation de la caution au premier degré qui, à l'égard du certificateur, tient lieu d'obligation principale. Il en résulte donc que si l'engagement de la caution au premier degré fait défaut, celui du certificateur de caution est sans cause et sans objet, le cautionnement ne pouvant exister que sur une obligation valable et efficace. En outre, l'étendue de l'engagement du certificateur s'apprécie par rapport à l'obligation de la caution et non par rapport à celle du débiteur principal. Il peut n'y avoir aucun lien juridique entre le certificateur et le débiteur principal, de sorte que, si le certificateur a payé, il doit se retourner contre la caution, qui peut à son tour agir contre le débiteur. Néanmoins, si le certificateur a été sollicité par le débiteur principal, un recours personnel direct pourra être admis sur le fondement de l'accord passé entre eux. Par ailleurs, le certificateur qui a payé dispose d'un recours subrogatoire fondé sur l'article 1346 du Code civil (V. fiche n° 14) qui lui permet d'air aussi bien à l'encontre de la caution qu'envers le débiteur principal.

II. Le sous-cautionnement

Le sous-cautionnement est une création de la pratique et qui est liée au développement du cautionnement consenti à titre professionnel par les banques, les établissements financiers et les sociétés de cautionnement. C'est une variété de cautionnement au second degré. L'idée du sous-cautionnement est de faire garantir le recours dont dispose la caution à l'encontre du débiteur principal. En effet, dans la mesure où la caution a dû payer en raison de la défaillance du débiteur garanti, elle s'expose à ce que son recours contre celui-ci soit vain tant il est probable qu'il soit insolvable. Pour se prémunir contre ce risque de devoir supporter définitivement le poids d'une dette à laquelle elle n'était que seulement obligée, la caution va demander au débiteur principal de lui fournir une sous-caution. À la différence du certificateur de caution, caution de la caution, la sous-caution garantit la dette du débiteur principal mais seulement à l'égard de la caution qui deviendra, le cas échéant, créancier de la sous-caution.

Figure 5

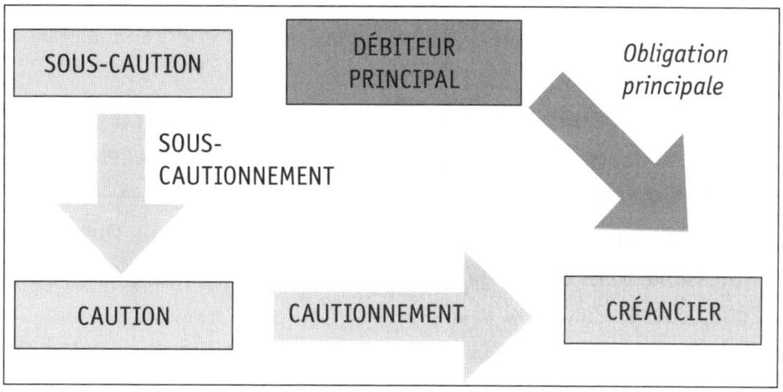

La fonction du sous-cautionnement est donc très différente de celle de la certification. Des différences importantes de régime en découlent. L'édification du régime du sous-cautionnement est l'œuvre de la jurisprudence. Le fonctionnement n'est toutefois pas particulièrement complexe. Pour saisir le sous-cautionnement faut avoir à l'esprit qu'il y a indépendance des deux relations triangulaires créancier-débiteur-caution d'une part et caution-débiteur-sous-caution d'autre part, et, en second lieu, que la caution (que l'on appelle parfois caution contregarantie) prend la qualité de créancier, la sous-caution joue le rôle de caution, et le débiteur principal conserve son rôle (Cass. com., 11 juin 2004, *JCP G* 2004, I, 188 n° 9, obs. Simler ; *RJDA* 8-9/2004, n° 1017). La sous-caution devra alors être à tous égards traitée comme n'importe quelle caution.

Une réserve toutefois : un arrêt de la Cour d'appel de Paris a refusé de faire bénéficier la sous-caution des dispositions du Code de la consommation protectrices de la caution au motif que celle-ci n'était pas, dans cette relation, un créancier professionnel (CA Paris, 28 avril 2011, *Rev. dr. banc. et fin.*, novembre 2011, comm. 198, D. Legeais).

À retenir

- Par la certification de caution, le créancier cherche à se prémunir contre la défaillance de la caution. Dans ce cas, le certificateur joue le rôle de la caution, la caution joue le rôle du débiteur principal, et le créancier conserve son rôle.
- Par le sous-cautionnement, la caution cherche à se prémunir contre la défaillance probable du débiteur principal lorsqu'elle exercera son recours en remboursement contre lui. Dans ce cas la sous-caution joue le rôle de caution, la caution joue le rôle du créancier, et le débiteur principal conserve son rôle.
- Aussi bien le certificateur de caution que la sous-caution doivent être traités comme des cautions dans les relations triangulaires qui leur sont propres.

Pour en savoir plus

- Cass. com. 27 mai 2008, n° 06-19075 (exceptions opposables par la sous-caution), *JCP éd. G*, 11 juin 2008, act. 414, veille par Ph. Simler; *Rev. dr. banc. et fin.*, juillet 2008, comm. 109, D. Legeais.
- C. Houin-Bressand, *Les contre-garanties*, Nouvelle Bibliothèque de Thèses, Dalloz, 2006
- C. Houin-Bressand, « Les contre-garanties des sûretés bancaires », *Rev. dr. banc. et fin.*, janvier 2009, dossier 2.
- B. Saintourens, « Certificateurs de caution et sous-cautions : les oubliés des réformes du droit du cautionnement », *Mélanges Cabrillac*, Dalloz-Litec 1999, p. 397.

Fiche 21
Les garanties autonomes : nature, formation et obligations du garant

I. La nature des garanties autonomes
II. La formation des garanties autonomes
III. Les obligations du garant

Définitions

La garantie autonome est une sûreté personnelle non accessoire consentie par un garant à la demande d'un donneur d'ordre au profit d'un bénéficiaire et dans laquelle le garant doit payer à première demande sans pouvoir opposer d'exceptions relatives à la dette garantie.

La garantie autonome ou garantie à première demande est née à l'occasion de contrats internationaux dans le dernier tiers du XXe siècle. Cette variété de garantie personnelle donne au créancier davantage de sécurité que le cautionnement car elle est dominée par l'autonomie de l'engagement du garant et par le principe de l'inopposabilité des exceptions tenant à l'obligation garantie. L'ordonnance du 23 mars 2006 a donné à cette création de la pratique bancaire un fondement légal. Toutefois l'article 2321 se borne à donner une définition et quelques éléments de régime juridique, l'idée du législateur étant de ne pas inscrire les garanties autonomes dans un cadre trop figé.

Le régime des garanties autonomes est bien plus détaillé dans les textes internationaux qui lui sont consacrés. Il s'agit en premier lieu de la Convention des Nations Unies sur les garanties indépendantes et les lettres de crédit stand-by du 11 décembre 1995, destinée à faciliter l'utilisation des garanties autonomes (dénommées garanties indépendantes). Il s'agit en second lieu des Règles Uniformes relatives aux Garanties sur Demande (RUGD) de la Chambre de Commerce Internationale (CCI) de 1992 révisées en 2009. Par ces règles uniformes la CCI fournit une règlementation simple, efficace et la plus cohérente possible. Les RUGD sont de plus en plus appliquées, notamment depuis leur introduction dans les formulaires de garantie d'importants organismes comme par exemple la Banque mondiale. Les RUGD ne s'appliquent que si les parties s'y soumettent volontairement et si la garantie le prévoit expressément (art. 1 a).

Le schéma ressemble à celui du cautionnement : à la demande d'un donneur d'ordre, qui est le plus souvent le débiteur, un garant va souscrire une garantie autonome au profit d'un créancier bénéficiaire. Une relation triangulaire se noue : entre le donneur d'ordre et le créancier bénéficiaire a été nouée l'obligation qu'il s'agit de garantir, entre le donneur d'ordre et le garant se noue la demande de garantie matérialisée le plus souvent par une lettre d'instructions, et, enfin, entre le créancier bénéficiaire et le garant se noue le contrat de garantie autonome.

I. La nature des garanties autonomes

Il résulte de l'article 2321 du Code civil que l'obligation du garant constitue une obligation nouvelle et indépendante de l'obligation garantie. Cette autonomie a pour corollaire l'inopposabilité des exceptions tirées de celle-ci, ce que précise le 3e alinéa : « Le garant ne peut opposer aucune exception tenant à l'obligation principale ». La garantie autonome est une sûreté plus dangereuse pour le garant que ne l'est le cautionnement.

Attention

Il faut bien distinguer les garanties autonomes du cautionnement. Dans le cautionnement, il y a une seule dette et deux débiteurs (le débiteur principal et la caution). Dans la garantie autonome il y a deux dettes distinctes, l'obligation garantie et l'obligation du garant.

La garantie autonome étant une **sûreté personnelle**, il y a toujours nécessairement une obligation à garantir, un contrat de base, sans lequel l'engagement pris par le garant serait dépourvu de cause. Mais l'existence d'un contrat de base n'est pas antinomique avec le caractère autonome : si un lien existe au moment de la mise en place de la garantie, il sera rompu instantanément, de sorte que la garantie se trouvera détachée du contrat de base.

Le **caractère autonome** de la garantie est l'opposé du caractère accessoire du cautionnement et joue le même rôle fondamental dans la détermination de la qualification et des effets de l'engagement. La Cour de cassation a clairement affirmé ce caractère (Cass. com. 20 décembre 1982, *Bull. civ.* 1982, IV n° 417). Les arrêts de 1982 et, à leur suite, une jurisprudence et une doctrine unanimes, ont reconnu à l'autonomie sa pleine portée et ont écarté toute parenté avec le traditionnel cautionnement. Le législateur a consacré ce caractère à l'article 2321 du Code civil. Le caractère autonome emporte deux conséquences :

- **L'engagement du garant est constitutif d'une dette nouvelle.** Le garant prend, à titre principal, un engagement nouveau et distinct de l'obligation garantie, et dont le montant est librement arrêté par les parties. Ce montant peut dès lors s'avérer supérieur à l'obligation garantie.
- **La dette née de la garantie est indépendante de celle qu'elle tend à garantir.** Une fois nées, les obligations du débiteur garanti et du garant ont des sorts distincts. Ni leur validité, ni leur durée, ni leur étendue, ni leur exécution ou inexécution n'ont d'incidence réciproque.

L'autonomie renforce donc la fonction de sûreté, ce qui est précisément l'objectif recherché. En termes de technique juridique, l'autonomie se traduit concrètement par l'inopposabilité par le garant au créancier de toute exception relative au contrat de base.

La garantie autonome a en outre un caractère consensuel. La preuve de la garantie se fait selon les règles habituelles. S'agissant d'un contrat unilatéral, l'établissement d'un seul original suffit (art. 1376 du Code civil). Dans la mesure où l'objet de l'engagement esst toujours le paiement d'une somme d'argent, l'écrit doit porter la double mention écrite par le garant du montant, en toutes lettres et en chiffres (Cass. com., 10 déc. 2002, *JCP* 2003, I, 176, n° 10, obs. Simler).

Le **domaine** des garanties autonomes est très vaste puisque, à une restriction près, ce type de sûreté peut être utilisé en toute hypothèse. En effet, mis à part l'article L. 314-19 (ancien art. L. 313-10-1) du Code de la consommation qui interdit la souscription d'une telle sûreté pour garantir un crédit à la consommation ou un crédit immobilier, la loi ne prévoit aucune autre prohibition. Tout au plus le recours aux garanties autonomes est-il parfois rendu obligatoire, l'article R. 541-64 du Code de l'environnement précisant ainsi que la garantie financière prise en application de l'article 6 du règlement européen n° 1013/2006 du 14 juin 2006 relatif aux transferts de déchets est une garantie autonome.

II. La formation des garanties autonomes

Une garantie autonome résulte d'un contrat entre un garant et un créancier bénéficiaire. Sa validité suppose la réunion des quatre conditions de validité du droit commun des contrats : consentement, capacité (dont on rapprochera la question du pouvoir), cause et objet.

S'agissant de la **capacité** et du **pouvoir**, les solutions exposées à propos du cautionnement et qui ne découlent pas de son caractère accessoire peuvent être ici transposées. Bien évidemment, l'article 1415 du Code civil s'applique aux garanties autonomes consenties par un époux commun en biens car, comme le cautionnement, elles sont de nature à appauvrir le patrimoine de la communauté (Cass. civ. 1re, 20 juin 2006, *Bull. civ.* 2006, I, n° 313 ; *JCP G* 2006, I, 195, n° 9, obs. Simler, et *JCP G* 2006, II, 10141, note Piedelièvre ; *D. 2006, p. 1815, obs.* Avena-Robardet ; *RTD civ.* 2006, p. 592, obs. Crocq ; *Def.* 2006, art. 38469, p. 1616, obs. Champenois ; *RDC* 2006/4, p. 1193, obs. Houtcieff).

La théorie des **vices du consentement** est évidemment applicable. La garantie autonome étant un contrat unilatéral, les conditions de l'erreur ne peuvent être remplies que dans des circonstances exceptionnelles. Quant au dol, il faut rappeler qu'il n'est pris en considération que s'il émane du cocontractant, donc du bénéficiaire de la garantie, ce qui réduit sensiblement les possibilités d'annulation sur ce fondement (V. cependant, pour un dol par réticence retenu contre une banque tierce à l'encontre d'une société garante, Cass. com., 18 déc. 1990, *D. 1991, somm. p. 193, obs. Vasseur; RTD com.* 1991, p. 627, obs. Cabrillac et Teyssié).

Comme pour tout contrat, la garantie autonome doit respecter les exigences nouvelles relatives au contenu licite et certain du contrat (cf. supra fiche n° 11 pour le cautionnement).

La question de la **cause objective** avait été très discutée en matière de garanties autonomes. Selon certains auteurs, ces sûretés auraient appartenu à la catégorie très étroite des actes abstraits, détachés de leur cause et dont la validité ne serait pas tributaire de l'existence ou de la licéité d'une cause. La doctrine majoritaire et la jurisprudence voyaient toutefois dans la garantie autonome un acte causé, soumis au droit commun, même si **le caractère autonome de cette garantie réduirait considérablement le rôle de la cause.** La Cour de cassation a ainsi jugé que « *l'engagement d'un garant à première demande est causé, dès lors que le donner d'ordre a un intérêt économique à la conclusion du contrat de base, peu important qu'il n'y soit pas partie* » (Cass. com., 19 avr. 2005 ; *Bull. civ.* 2005, IV, n° 91 ; *JCP G* 2005, II, 10075, note Piedelièvre – CA Pau, Ch. 2 sect. 1, 24 septembre 2012, Juris-data n° 2012-030033).

Aucune difficulté particulière ne se pose s'agissant des questions traditionnelles entourant l'objet ou, aujourd'hui, le caractère certain du contenu du contrat. Quelques précisions doivent toutefois être apportées s'agissant de la détermination de **la prestation.** La spécificité de la garantie autonome réside en ce que, contrairement au cautionnement, engagement accessoire, la détermination de l'objet de la garantie autonome ne peut être dépendante, au stade de son exécution, de l'obligation garantie. La garantie ne peut être réellement autonome que si son objet est lui-même autonome, c'est-à-dire s'il est précisément déterminé par la convention de garantie ou s'il est déterminable en fonction de paramètres que cette convention fournit, sans qu'il soit nécessaire de se référer à l'obligation garantie.

III. Les obligations du garant

Le garant s'oblige à payer une somme d'argent précisée dans le contrat matérialisant la garantie. L'autonomie de son obligation par rapport à l'obligation garantie et la rigueur du mécanisme des garanties autonomes imposent que les obligations du garant soient bien définies.

Le montant de la garantie doit tout d'abord être bien déterminé ou, à tout le moins déterminable. En pratique, le montant de la garantie est quasiment toujours chiffré : le garant s'oblige à payer telle somme à première demande, ou à première demande justifiée, ou encore sur présentation de tels documents. La difficulté est que le montant ne saurait être déterminable par une trop grande référence à l'obligation garantie sous peine de porter atteinte à l'autonomie. Le montant sera librement déterminé par les parties. Il résulte du caractère autonome que le garant ne pourra pas être tenu plus lourdement que ce qui est prévu dans la garantie, serait-ce par exemple au titre d'éventuels accessoires de l'obligation garantie.

Si le plus souvent c'est un montant forfaitaire qui est prévu, on rencontre des **garanties autonomes dites glissantes ou réductibles** ayant pour objet une somme qui se réduit à mesure de l'exécution de l'obligation garantie. La jurisprudence considère que ce mécanisme ne prive pas en soi la garantie de son caractère autonome (Cass. com., 5 déc. 1989, 2 arrêts, *D.* 1990, somm. p. 207, obs. Vasseur; *RD bancaire et bourse* 1990, p. 139, obs. Contamine-Raynaud. - Cass. com., 16 juin 1992, *D. 1993, somm. p. 97, obs. Vasseur*). Si en revanche l'obligation du garant est directement en prise sur l'obligation garantie, les juges requalifieront la sûreté en cautionnement (Cass. com., 8 oct. 2003 ; *JCP G* 2004, II, 10069, note Gutierrez-Lacour).

Par ailleurs, l'autonomie a pour conséquence l'absence de lien entre la durée de la garantie et celle de l'obligation garantie. De même que pour le montant, la durée doit être fixée de manière autonome.

À retenir

- Une garantie autonome est une sûreté personnelle non accessoire à l'obligation garantie
- Le caractère accessoire et l'automaticité de la mise en œuvre des garanties autonomes en font des sûretés efficaces pour le bénéficiaire mais dangereuses pour le garant
- La détermination des obligations du garant doit se faire indépendamment des obligations garanties.

Pour en savoir plus

- A. Cerles, « Règles et usances en matière de garantie sur demande », *Rev. Dr banc. et fin.* novembre 2006, comm. 218
- F. Jacob, « L'avenir des garanties autonomes en droit français, 15 ans après », *Mélanges Simler*, Litec-Dalloz 2006, p. 341
- J.-P. Mattout, « La révision des Règles uniformes de la Chambre de commerce internationale relative aux garanties sur demande », *D.* 2010, p. 1297
- A. Prüm, « La consécration légale des garanties autonomes », *Mélanges Simler*, Litec-Dalloz 2006, p. 409
- Ph. Simler, *Cautionnement, Garanties autonomes, Garanties indemnitaires*, Litec, 4e éd. 2008
- J. Stoufflet, « La Convention des Nations Unies sur les garanties indépendantes et les lettres de crédit *stand-by* », *RD bancaire et bourse* 1995, p. 132
- M. Vasseur, *Garantie indépendante, Rép. Com. Dalloz*
- V. Fiche n° 19

POUR S'ENTRAÎNER : VRAI / FAUX

1. La garantie autonome est une variété de cautionnement.
2. L'engagement du garant constitue une nouvelle dette par rapport à l'obligation garantie.
3. Les garanties autonomes ne sont pas concernées par l'article 1415 du Code civil relatif exclusivement à la caution mariée sous le régime de la communauté.
4. Il peut être prévu que l'obligation du garant sera réduite à mesure que sera exécutée l'obligation garantie.

RÉPONSES

1. Faux
2. Vrai
3. Faux
4. Vrai, à condition de maintenir l'indépendance entre les deux obligations.

Fiche 22
Les effets des garanties autonomes

Définition

L'appel de la garantie autonome est la mise en œuvre de celle-ci à la demande du bénéficiaire. Le garant ne peut en principe opposer aucune autre exception que celles ressortissant du contrat de garantie lui-même, sauf s'il démontre que l'appel est manifestement abusif.

I. La mise en œuvre des garanties autonomes

L'exécution de la garantie autonome est une question qui suscite de nombreux litiges. L'appel de la garantie débouche naturellement sur la mise en œuvre de celle-ci (A). Il découle du caractère autonome que ni le donneur d'ordre ni le garant ne pourront s'opposer à la mise en œuvre de la garantie et au paiement (B) à moins que celle-ci ne soit manifestement abusive (C).

A. L'appel de la garantie

En l'absence de stipulations particulières, l'appel de la garantie n'est astreint à aucune espèce de formalisme. L'expression « à première demande » est sans ambiguïté et marque la simplicité de mise en œuvre de cette sûreté. Une simple lettre ou un simple télex suffisent, du moment qu'ils constituent une « interpellation suffisante », valant mise en demeure. Il faut cependant que cet appel soit clairement manifesté. Il est ainsi nécessaire que l'appel de la garantie soit **ferme et non équivoque**, qu'il émane du bénéficiaire de la garantie ou d'un mandataire dûment habilité, et qu'il soit **strictement conforme aux stipulations de la lettre de garantie**.

Il est possible d'assujettir l'appel de la garantie à certaines formes comme par exemple l'envoi d'une lettre recommandée ou encore, lorsqu'il s'agit d'une garantie documentaire, la fourniture de certains documents qui justifient la demande de paiement par le bénéficiaire. Or cette hypothèse, le garant ne pourra exiger aucune explication ou justification supplémentaire.

Une fois l'appel régulièrement effectué, le garant doit en principe s'exécuter immédiatement, sous réserve d'un délai prévu au contrat de garantie ou d'un délai raisonnable admis par les usages (V. CA Paris, 10 juill. 1986, *D.* 1987, somm. p. 217, qui a admis un délai de cinq jours ; L'article 16 de la convention CNUDCI du 11 décembre 1995 limite ce délai raisonnable, sauf clause contraire, à sept jours ouvrables au maximum après réception de la demande). Le garant doit payer au lieu et dans la monnaie prévus au contrat.

B. L'inopposabilité des exceptions tirées de l'obligation garantie

Le garant à qui le bénéficiaire demande l'exécution de la sûreté ne peut lui opposer aucune autre exception que celles tirées du contrat de garantie lui-même. Si, dans un premier temps, les juges ont pu faire application des règles relatives au cautionnement (Cass. com., 12 juin 1969 : *Bull. civ.* 1969, IV, n° 197 ; *D. 1980,* IR p. 213, qui a retenu l'exception de compensation), la jurisprudence a fini par tirer toutes les conséquences du caractère autonome. Le garant doit donc payer même si, à sa connaissance, l'obligation garantie est nulle, ou que le contrat garanti a été rompu, résolu, pleinement exécuté ou encore est éteint en raison d'une cause quelconque d'extinction des obligations comme la novation, la compensation, la confusion, la transaction, etc...

Illustrations

Le garant doit exécuter son engagement, sans que puisse être opposée au bénéficiaire la nullité du contrat de base (Cass. com., 20 déc. 1982 : Bull. civ. 1982, IV, n° 417), ou encore l'inexécution du contrat de base, que ce soit par le fait ou la faute du créancier lui-même, par le fait du prince ou par suite d'un cas de force majeure (Cass. com., 17 oct. 1984 : Bull. civ. 1984, IV, n° 265). Le garant ne pourra pas non plus opposer l'exécution de ses obligations par le débiteur garanti (Cass. com., 21 mai 1985, Cass. com., 21 mai 1985 : Bull. civ. 1985, IV, n° 160).

La garantie autonome est donc sévère pour le garant car la mise en œuvre de la sûreté est assez mécanique, ce qui, inversement, est un gage d'efficacité pour le créancier bénéficiaire.

C. L'appel manifestement abusif de la garantie

En raison de la rigueur des garanties autonomes, il a toujours été admis qu'un garant pouvait refuser d'exécuter son engagement en cas d'appel manifestement abusif ou frauduleux. Cette règle a été reprise à l'article 2321 al. 3 du Code civil.

L'appel de la garantie sera **abusif ou frauduleux** si le bénéficiaire est mu par une **intention de nuire**. La jurisprudence a toutefois élargi le domaine à la simple **mauvaise foi** de sorte que l'on peut dire que l'appel de la garantie sera abusif ou frauduleux si le bénéficiaire sait qu'il est sans droit pour demander la mise en œuvre de la sûreté. Les situations sont variées et l'article 19 de la convention CNUDCI du 11 décembre 1995 vise notamment le cas où un document aurait été falsifié, le cas où aucun paiement n'est justifié dans la demande ou dans les documents joints, ou encore le cas où, de toute évidence, l'obligation garantie a été exécutée à la satisfaction du créancier bénéficiaire.

Attention

En dépit des apparences, certaines situations ne sont pas constitutives d'un appel abusif. C'est le cas, par exemple, de l'appel d'une garantie dont le terme suspensif n'est pas encore échu ou dont le terme extinctif est échu. Ce refus est ici fondé sur des éléments objectifs du contrat puisque l'obligation n'est pas encore exigible (terme suspensif non échu), ou éteinte (terme extinctif échu).

Il ne suffit toutefois pas que le garant puisse démonter la mauvaise foi, l'abus ou la fraude du bénéficiaire. Il faut encore qu'ils présentent un **caractère manifeste**, qu'ils soient évidents. Ce caractère pose des difficultés car il ne repose pas sur des critères objectifs mais sur la mauvaise foi évidente du bénéficiaire, c'est-à-dire sur sa conscience de son absence de droit.

Illustration

La jurisprudence a jugé abusif l'appel de la garantie pour contrat différent de celui visé dans la sûreté (Cass. com., 18 avr. 2000 : RJDA 7-8/2000, n° 803 ; RD bancaire et fin. 2000, p. 231, obs. Mattout ; Banque et droit nov.-déc. 2000, p. 46, obs. Jacob ; Dr et patr. 2001, comm. 94, p. 91, obs. Saint-Alary) ou encore lorsque le bénéficiaire connaissait l'annulation imminente du contrat de base (Cass. com., 12 janv. 1993 : Bull. civ. 1993, IV, n° 1 ; RD bancaire et bourse 1993, p. 136, obs. Contamine-Raynaud ; D. 1995, jurispr. p. 24, note Vasseur) ou enfin lorsqu'une sentence arbitrale, connue du garant, avait déclaré le bénéficiaire sans droit (Cass. com., 17 mars 2004 : Juris-Data n° 2004-022942 ; JCP G 2004, I, 188, n° 12, obs. Simler).

II. Les recours en matière de garanties autonomes

Une fois que la garantie a été mise en œuvre, les différents protagonistes disposent de recours les uns contre les autres selon les hypothèses.

A. Recours du garant contre le donneur d'ordre

Le garant n'entend pas supporter définitivement le poids du paiement qu'il aura été contraint d'effectuer en exécution de son engagement. C'est d'ailleurs l'un des traits caractéristiques des sûretés personnelles. Le garant dispose donc de recours contre le donneur d'ordre qui est le plus souvent le débiteur garanti.

Il a tout d'abord un **recours personnel** fondé sur le contrat passé avec le donneur d'ordre qui se concrétise le plus souvent par une lettre d'instructions. L'exercice de ce recours suppose que le garant ait suivi les instructions du donneur d'ordre et que la garantie ait été payée. Bien sûr, les textes relatifs au cautionnement ne sont pas applicables, et notamment (V. CA Aix-en-Provence, 5 juillet 2000, *JCP G* 2001, IV, 2469). Le garant peut toutefois mettre en œuvre certaines mesures conservatoires.

Le garant dispose ensuite d'un **recours subrogatoire** sur le fondement de l'article 1346 du Code civil. En effet, il est admis que celui qui s'acquitte d'une dette qui lui est personnelle - comme c'est le cas en matière de garantie autonome - peut bénéficier de la subrogation si, par son paiement, il a libéré envers leur créancier commun celui sur qui doit peser la charge définitive de la dette. En payant une dette qui lui est personnelle le garant autonome libère en même temps le donneur d'ordre et se voit subrogé dans les droits dont le créancier disposait contre celui-ci (V. en ce sens, CA Paris, 25 septembre 1996, Juris-Data n° 1996-022329. – Contra, CA Aix-en-Provence, 5 juillet 2000 : Juris-Data n° 2000-131875 ; *JCP G* 2001, IV, 2469. – CA Toulouse, 9 janvier 2001 : Juris-Data n° 2001-139046).

B. Les autres recours

Dans l'hypothèse où la garantie a été valablement appelée, que le garant se soit exécuté et que le donneur d'ordre l'ait remboursé, celui-ci peut envisager certains recours. Ces recours ne relèvent cependant pas de la technique des garanties autonomes, mais du droit commun des obligations. Le donneur d'ordre peut ainsi envisager un recours **contre le bénéficiaire** et il aura pour but la restitution de la totalité ou d'une partie seulement du montant de la garantie, indûment perçu. Ce recours est fondé sur le contrat de base qui a donné naissance à l'obligation garantie. Le donneur d'ordre doit alors prouver que le bénéficiaire a reçu indûment le montant de la garantie (Cass. com., 7 juin 1994, *Bull. civ.* 1994, IV, n° 202 ; *JCP G* 1994, I, 3807, n° 15, obs. Simler, et *JCP E* 1994, II, 637, note Leveneur ; *D.* 1995, somm. p. 19, obs. Vasseur).

Mais le donneur d'ordre dispose également de **recours contre le garant** si celui-ci a commis une faute en répondant à l'appel de la garantie. Ce sera le cas par exemple s'il a payé une garantie périmée (Cass. com., 12 juill. 2005, *JCP* 2005, I, 185, n° 10, obs. Simler; *D. 2005, p. 2214, obs. Delpech; Dr et patr.* 2005, comm. 143, p. 102, obs. Mattout et Prüm; *RTD com.* 2005, p. 823, obs. Legeais) ou encore s'il a donné suite à un appel de garantie dont il ne pouvait ignorer le caractère manifestement abusif (Cass. com., 7 juin 1994, *JCP G* 1994, II, 22312, note Stoufflet; *D.* 1995, somm. p. 21, obs. Vasseur; *RTD com.* 1994, p. 763, obs. Cabrillac). Le donneur d'ordre pourra encore poursuivre le garant en responsabilité si celui-ci n'a pas respecté les instructions.

Inversement, le **garant** peut avoir des **recours contre le bénéficiaire**, si par exemple il n'a pu obtenir restitution de la part du donneur d'ordre. On peut tout d'abord songer à l'action oblique, le garant étant créancier du donneur d'ordre, lui-même créancier du bénéficiaire. Cependant, compte tenu des caractères et effets de l'action oblique, il risque de subir les conséquences du concours avec les autres créanciers du donneur d'ordre. Reste une responsabilité délictuelle de droit commun supposant la démonstration des éléments de toute responsabilité et notamment une faute du bénéficiaire (CA Paris, 14 mars 1988, *D.* 1989, somm. p. 152, obs. Vasseur).

III. La transmission des garanties autonomes

La créance autonome résultant de l'engagement du garant peut-elle être cédée isolément? L'engagement autonome de payer une somme d'argent donne naissance à une créance dans le patrimoine du bénéficiaire. Cette créance n'étant pas, comme celle constituée par un cautionnement, liée par un rapport d'accessoire à l'obligation garantie, rien ne semblerait s'opposer à sa cession, au même titre que n'importe quelle créance. La fonction de sûreté y fait pourtant obstacle: une garantie, même autonome, est au service de la créance ce qui empêche la faire circuler isolément. La réponse de solution de principe qu'une garantie autonome n'est pas cessible par le garant (article 9 de la convention CNUDCI). La clause contraire est toutefois admissible. Il faut bien distinguer la cession de la garantie en cours d'effet, c'est-à-dire avant toute demande d'exécution, et la cession de son montant, devenu exigible suite à l'appel de la garantie. Si la garantie elle-même n'est pas transmissible, cette dernière créance peut cependant faire l'objet d'une cession de créance (article 10 de la convention CNUDCI).

La garantie est-elle transmissible avec la créance? Le caractère autonome de la garantie s'oppose nécessairement à une telle transmission. L'article 2321 alinéa 3 du Code civil pose cette règle en admettant que la convention contraire est possible. Par voie de conséquence, si la créance garantie est cédée, la sûreté doit être levée, sauf si le garant accepte de reconduire sa garantie au profit du cessionnaire. Curieusement, la Cour de cassation a décidé que la garantie autonome se transmettait avec le prêt garanti en cas d'apport partiel d'actif dès lors qu'elle se rattachait (sic) à la branche d'activité apportée (Cass. com., 19 déc. 2006, n° 05-18.836; Juris-Data n° 2006-036835; *JCP G* 2007, I, 158, n° 14 obs. Simler). Le fait qu'il s'agissait, non d'une cession à titre particulier, mais d'une transmission universelle ou à titre universel ne changeait rien à l'affaire. C'est bien en tant qu'accessoire à l'obligation garantie que l'effet translatif a été admis. Or, la garantie autonome n'est précisément pas... accessoire.

La garantie est-elle enfin transmissible à titre universel ? Comme toute dette et toute créance, l'engagement de payer constitutif de la garantie se transmet de plein droit, respectivement, aux héritiers du garant et à ceux du bénéficiaire. Le caractère accessoire ou autonome de l'engagement est sans incidence. Cela vaut aussi pour les personnes morales dans les cas de transmissions universelles de patrimoine (fusion, scission ou absorption d'une société ayant souscrit une garantie autonome ou en bénéficiant).

À retenir

- Le garant doit en principe payer le montant de la garantie dans un délai raisonnable dès que le bénéficiaire le lui demande
- Le garant ne peut opposer au bénéficiaire aucune exception tirée de l'obligation garantie
- Le garant peut seulement s'opposer à la demande de paiement si l'appel de la garantie est manifestement abusif
- Le garant dispose de recours une fois qu'il a payé le montant de la garantie.

Pour en savoir plus

- V. fiche n° 18
- Cass. Com. 20 décembre 1982, *Bull.* IV n° 417; GAJC, 11e édition n° 279-280; *D.* 1983, jur. p. 365
- Cass. com., 21 mai 1985, *Bull.* IV, n° 160; *D.* 1986, jur. p. 213, note Vasseur; *Gaz. Pal.* 1985, 2, p. 770, note Piedelièvre
- Cass. com., 5 déc. 1989, *D.* 1990, somm. p. 207, obs. Vasseur; *RD bancaire et bourse* 1990, p. 139, obs. Contamine-Raynaud
- Cass. com., 4 juill. 2006, *Bull.* IV, n° 164; *JCP G* 2006, IV, 2711; *D.* 2006, p. 2097; *Rev. Dr bancaire et fin.* nov.-déc. 2006, n° 199, obs. Cerles; *RTD com.* 2006, p. 901, obs. Legeais; *Banque et dr.* sept.-oct. 2006, p. 69, obs. Jacob

POUR S'ENTRAÎNER : QUESTIONS DE COURS

1. À quelles conditions l'appel de la garantie obligera-t-il le garant à s'exécuter ?
2. Le garant dispose-t-il de moyens pour s'opposer à la demande de mise en œuvre de la garantie ?
3. Le garant a-t-il des recours contre le débiteur garanti ?
4. En cas de cession de la créance garantie, la garantie autonome est-elle transmise en même temps au cessionnaire ?

RÉPONSES

1. L'appel doit être ferme et non équivoque, il doit émaner du bénéficiaire de la garantie ou d'un mandataire dûment habilité, et il doit être strictement conforme aux stipulations de la lettre de garantie.
2. Le garant ne peut opposer aucune exception tirée de l'obligation garantie, en raison du caractère autonome. Il pourra seulement opposer des exceptions tirées de la garantie elle-même : Nullité de la garantie, appel non conforme aux stipulations de la garantie ou encore appel manifestement abusif.
3. Le garant dispose non seulement d'un recours personnel fondé sur la lettre d'instruction que lui a adressé le débiteur garanti, mais également d'un recours subrogatoire fondé sur l'article 1251, 3° du Code civil.
4. En principe non, en raison du caractère autonome. Le garant peut toutefois accepter une telle cession et s'engager vis-à-vis du cessionnaire.

Fiche 23

La lettre d'intention

Définitions

La lettre d'intention est une sûreté personnelle faisant naître à la charge de son souscripteur une obligation de faire ou de ne pas faire ayant un caractère indemnitaire. Le domaine privilégié des lettres d'intention est le soutien d'une société mère à une filiale engagée dans une relation d'affaires.

I. La nature de la lettre d'intention

L'article 2322 du Code civil définit la lettre d'intention comme étant « *L'engagement de faire ou de ne pas faire ayant pour objet le soutien apporté à un débiteur dans l'exécution de son obligation envers le créancier* ». Ce type de sûreté est une création de la pratique anglo-saxonne (*comfort letters*). La lettre d'intention est également appelée quelquefois lettre de confort, ou lettre de patronage. On en rencontre le plus souvent dans le soutien d'une société mère en vue de rassurer le créancier d'une filiale sur son implication personnelle. La société mère a en effet un certain intérêt à ce que sa filiale puisse avoir un crédit.

Deux catégories de lettres d'intentions peuvent être identifiées. Tout dépendra des formules utilisées dans le document et il faut bien relever que la manière dont la lettre est rédigée s'avère primordiale.

A. Les fausses lettres d'intention

Certaines lettres d'intention, à l'analyse, ne révèlent aucun contenu juridique véritable et sont tout au plus constitutives d'un **engagement moral**. Ce sera le cas par exemple si le souscripteur se contente de recommander un partenaire potentiel ou qu'il exprime son intérêt à la bonne marche d'une relation contractuelle (CA Bordeaux, 16 oct. 1985, *D.* 1989, p. 436, 2e espèce). Pour d'autres lettres, leur formulation révèle qu'en réalité elles **répondent à la définition du cautionnement**, le souscripteur s'étant engagé à satisfaire aux obligations du débiteur garanti. Que le document ne soit pas intitulé « cautionnement » ou que le souscripteur ne soit pas désigné comme caution est à cet égard indifférent (Cass. com., 21 déc. 1987, *Bull. civ.* 1987, IV, n° 281 ; *JCP G* 1988, II, 21113, concl. Montanier ; *D.* 1989, p. 112, note Brill. ; *Banque* 1988, p. 361, obs. Rives-Lange ; *RD bancaire et bourse* 1988, p. 101, obs. Contamine-Raynaud ; *Rev. sociétés* 1988, p. 398, note Synvet). Cet arrêt du 21 décembre 1987 est la décision fondatrice en matière de lettres d'intention.

B. Les vraies lettres d'intention

Lorsque l'auteur de la lettre d'intention prend l'engagement d'apporter son soutien au débiteur, de faire son possible pour lui permettre de faire face à ses obligations, de mettre tout en œuvre..., la lettre comporte un engagement qui ne saurait être considéré comme purement moral mais qui ne constitue pas pour autant un cautionnement. Ainsi que l'exprime la Cour de cassation dans son arrêt précité du 21 décembre 1987, une telle lettre d'intention est constitutive d'une obligation de faire, dont l'inexécution, conformément aux dispositions de l'article 1142 du Code civil, se résout en dommages et intérêts (Cass. com., 9 juill. 2002, *Bull. civ.* 2002, IV, n° 117 ; *JCP G* 2002, I, 188, n° 9, obs. Caussain, Deboissy et Wicker, et *JCP G* 2002, II, 101666 - 10175 - note François ; *JCP E* 2003, 234, note Ferreira ; *D.* 2002, somm. p. 3322, obs. Aynes, et *D.* 2003, p. 545, note Dondero).

En règle générale, les vraies lettres d'intention revêtent un **caractère indemnitaire** car le souscripteur s'engage à prendre en charge les conséquences dommageables de la défaillance du débiteur soutenu. Conformément à une distinction bien connue en droit commun des contrats, les obligations de faire sont susceptibles de degrés. Elles peuvent être simplement de moyens ou exprimer la promesse d'un résultat. L'une et l'autre variété se rencontrent en matière de lettres d'intention.

La lettre peut tout d'abord exprimer l'intention de son souscripteur de mettre en œuvre certains **moyens** devant permettre au bénéficiaire de faire face à ses obligations. Ce sera le cas si, par exemple, le souscripteur s'est engagé à veiller à l'exécution des obligations du débiteur, d'apporter son appui ou son aide à sa filiale ou encore de faire les meilleurs efforts pour que le débiteur puisse honorer ses engagements.

Si l'obligation souscrite dans la lettre d'intention est de **résultat**, son auteur encourt une responsabilité de plein droit pour le préjudice causé au destinataire par la défaillance du débiteur, sauf à prouver l'existence d'un cas de force majeure. Ont par exemple été qualifiés d'obligations de résultat les engagements de « prendre toutes les dispositions » pour que le débiteur puisse remplir ses engagement, de « faire en sorte » qu'aucun organisme n'éprouve de perte du fait des opérations de la société débitrice, de « garantir que... » ou de « donner l'assurance que... » le bénéficiaire ne subira aucun préjudice du fait du débiteur garanti ou encore la promesse que le débiteur tiendra ses engagements. Par nature, une obligation de ne pas faire est une obligation de résultat (par exemple l'engagement pris par le souscripteur de ne pas céder ou de ne pas réduire sa participation dans la filiale garantie).

II. Les règles communes à toutes les lettres d'intention

La question du régime des lettres d'intention n'intéresse que celles qui sont constitutives d'obligations de faire ou de ne pas faire, les autres relevant soit du non-droit (engagement moral) soit du droit du cautionnement. L'article 2322 du Code civil ne donne aucun élément de régime de la lettre d'intention. Les solutions découlent à la fois de la nature de sûreté personnelle et de la qualification d'obligation de faire de la lettre d'intention.

La première question qui a donné lieu à un contentieux abondant est celle de l'application des règles relatives à l'octroi de garanties par les sociétés. La question était de savoir si, dans les sociétés anonymes, la lettre d'intention devait être soumise au régime des conventions réglementées, c'est-à-dire à l'exigence d'autorisation préalable par le conseil d'administration ou le conseil de surveillance (articles L. 225-35 et L. 225-68 du Code de commerce) et, corrélativement, à l'obligation d'annexer au bilan un état des mêmes engagements (article L. 232-1). La question fut débattue et la solution antérieure à la réforme de 2006 peut ainsi être résumée : lorsque la lettre d'intention renfermait une obligation de résultat, l'autorisation préalable était nécessaire (V. Cass. com., 23 oct. 1990, *Bull. civ.* 1990, IV, n° 256 ; *JCP G* 1991, II, 21684, et *JCP N* 1992, II, 242, note Larroumet. - Cass. com., 19 mars 1991, *Bull. civ.* 1991, IV, n° 110), alors que si la lettre d'intention ne renfermait qu'une obligation de moyens, l'autorisation préalable n'était pas nécessaire (Cass. com. 26 janvier 1999, *Bull. civ.* 1999, IV n° 31 p. 25). La Cour de cassation estimait en effet que les lettres renfermant une obligation de moyens n'étaient pas des garanties au sens des textes du Code ce commerce précités. La question est semble-t-il désormais réglée par l'ordonnance du 23 mars 2006 qui qualifie expressément la lettre d'intention de sûreté personnelle, au même titre que le cautionnement ou la garantie autonome (article 2287-1 du Code civil), sans distinction, ni dans ce texte, ni dans l'article 2322, selon que l'obligation souscrite est de résultat ou de moyens. Or si toute garantie n'est pas nécessairement une sûreté, il paraît impossible de refuser à une sûreté la qualification de garantie. L'exigence de l'autorisation préalable semble donc devoir être respectée pour toute lettre d'intention.

Par ailleurs, puisque la lettre d'intention n'est pas un cautionnement, les règles relatives à celui-ci ne sont pas ici applicables. Différence manifeste d'avec le cautionnement, si l'obligation d'indemnisation découlant de la lettre d'intention n'a pas été limitée, c'est l'entier dommage qui doit être réparé par le souscripteur. La Cour de cassation a ainsi décidé que l'article 2290 du Code civil, aux termes duquel le cautionnement ne peut excéder ce qui est dû par le débiteur était sans application en matière de lettres d'intention (Cass. com., 6 mai 2003, *JCP G* 2003, I, 176, n° 13, obs. Simler).

Enfin, en tant que sûreté personnelle, la lettre d'intention ouvre au souscripteur qui a indemnisé le bénéficiaire un **recours contre le débiteur.** En effet, cette indemnisation emporte extinction de la dette de celui-ci. Si l'auteur de la lettre est intervenu à la demande du débiteur garanti, ce recours repose sur le même fondement contractuel que celui de la caution. Dans l'hypothèse d'une garantie consentie sans instructions du débiteur, la gestion d'affaires fournit ce fondement. Un recours fondé sur la subrogation peut également être admis, pour la même raison qu'en matière de garanties autonomes (cf. fiche n° 19).

III. Les règles spécifiques selon l'intensité de la lettre d'intention

Selon que la lettre d'intention est constitutive d'une obligation de moyens ou d'une obligation de résultat, les règles ne sont pas les mêmes tant en ce qui concerne la preuve du manquement à l'obligation souscrite, qu'en ce qui concerne la mise en œuvre de la lettre d'intention.

S'agissant de la **preuve**, le bénéficiaire de la lettre devra apporter une preuve différente. Si la lettre renferme une obligation de moyens, il devra prouver l'inexécution fautive de ladite obligation (V. Cass. com., 18 mai 2005, n° 02-20615), alors que s'il s'agit d'une obligation de résultat, il lui suffira d'apporter la preuve de son préjudice qui résultera, le plus souvent, du simple constat de la défaillance du débiteur non imputable à une cause étrangère (V. Cass. com., 19 avr. 2005, n° 01-12347).

S'agissant de la **mise en œuvre** de la lettre d'intention, la sanction consistant dans la réparation du préjudice causé au bénéficiaire résulte de la nature même de la lettre. C'est la véritable spécificité de la lettre d'intention, tant par rapport au cautionnement que par rapport à une garantie autonome. Son souscripteur n'est tenu ni de payer la dette du débiteur, ni de payer une somme déterminée par avance, mais à **réparer un préjudice.** C'est pourquoi il ne s'agit ni d'une garantie accessoire, ni d'une garantie autonome, mais bien d'une **garantie indemnitaire.** Lorsque l'objet de l'obligation de faire, qu'elle ait été de résultat ou de moyen, a été la bonne fin des engagements financiers du débiteur, le préjudice est en règle générale égal au montant des impayés et le lien de causalité entre l'inexécution de l'obligation et ce préjudice ne peut guère faire de doute. Il se pourrait, cependant, que le dommage soit plus important. Il suffit d'imaginer que le créancier garanti ait été acculé au dépôt de bilan, faute de recouvrement d'importantes créances, le préjudice étant ici supérieur au montant impayé par le débiteur. Il se pourrait aussi qu'il soit moindre, notamment si l'inexécution d'une obligation de moyens a seulement fait perdre au débiteur une chance d'éviter la défaillance.

Selon les circonstances et l'intensité de l'obligation, le souscripteur d'une lettre d'intention peut se trouver obligé plus ou moins sévèrement qu'une caution.

À retenir

- La lettre d'intention est une sûreté personnelle qui a un caractère indemnitaire.
- Elle fait naître, selon la manière dont elle est rédigée, une obligation de moyens ou une obligation de résultat à la charge du souscripteur.

Pour en savoir plus

- P. Le Cannu, « Les lettres d'intention conquises par le Code civil », *RTD com.* 2006, p. 421
- J. Mestre, « Les lettres d'intention : de l'engagement d'honneur au cautionnement déguisé », *Dr et patr.* 1999, n° 67, p. 45
- Ph. Simler, « Le nouvel article 2322 du Code civil et le régime de la lettre d'intention », *RJDA* juillet 2008, n° 7, p. 739.

POUR S'ENTRAÎNER

Donner aux formules suivantes leur exacte qualification (Engagement moral, cautionnement, lettre d'intention avec obligation de moyens, lettre d'intention avec obligation de résultat) :

1. Nous avons l'honneur d'introduire auprès de vous et de recommander à votre meilleur accueil Monsieur A. bon client de notre établissement
2. Engagement de garantir les engagements du débiteur
3. Nous ne nous désintéresserons pas de la bonne fin des concours consentis à notre filiale X.
4. Engagement de veiller au bon déroulement des opérations
5. Nous nous engageons à suivre et soutenir notre filiale dans ses besoins financiers et, dans le cas où cela deviendrait nécessaire, de nous substituer à elle pour faire face à tous les engagements qu'elle pourrait prendre à votre égard, notre souci étant de veiller de façon durable à sa totale solvabilité
6. Engagement de garantir que le créancier ne subira aucun préjudice du fait de la société débitrice
7. Promesse que le débiteur tiendra ses engagements.
8. Nous vous confirmons l'intérêt porté aux affaires de la société Z.
9. Nous apporterons notre appui dans les engagements de notre filiale

10. *« Nous voudrions mentionner, sans engagement quelconque de notre part, que c'est un principe de politique générale de notre maison de veiller… à ce que la situation financière de nos sociétés affiliées soit solide… »*
11. Nous nous engageons à apporter notre soutien financier
12. Nous ferons en sorte de faire en sorte qu'aucun organisme n'éprouve de perte du fait des opérations de la société débitrice
13. Nous ferons tout notre possible pour que le débiteur puisse remplir ses engagements
14. Engagement de prendre toutes les dispositions afin que le débiteur puisse remplir ses engagement
15. Nous nous engageons à venir en aide à la société débitrice en cas d'impossibilité d'honorer ses engagements
16. Nous assurerons la couverture des besoins financiers du débiteur
17. Nous assurerons la bonne exécution des engagements du débiteur

RÉPONSES

- Engagement moral : 1, 3, 8, 10
- Cautionnement : 2, 5
- Lettre d'intention avec obligation de moyens : 4, 9, 11, 13, 15
- Lettre d'intention avec obligation de résultat : 6, 7, 12, 14, 16, 17

Fiche 24

Le droit de rétention

I. Les conditions d'efficacité du droit de rétention
II. L'efficacité du droit de rétention

Définition

Le droit de rétention est le droit reconnu à un créancier détenant une chose qu'il est tenu de rendre à autrui de refuser sa restitution aussi longtemps qu'il n'est pas payé. Ce droit est soumis à la condition de créancier du rétenteur, à l'exigence de détention de la chose et à l'existence d'un lien de connexité entre la créance impayée et la détention de la chose.

Le plus souvent, le droit de rétention porte sur une chose appartenant au débiteur du créancier rétenteur, mais elle peut aussi parfois être la propriété d'un tiers. Le droit de rétention a longtemps été l'objet de dispositions éparses et de solutions fragmentaires. La Cour de cassation a pu rendre une série d'arrêts qui ont clarifié et généralisé certaines règles. En effet, à différentes reprises, la Cour s'est référée, en l'absence de disposition légale, aux « principes généraux applicables en matière de droit de rétention » (Cass. com., 19 févr. 1958, *Bull. civ.* 1958, III, n° 83) ou encore aux « principes relatifs au droit de rétention » (Cass. civ. 1re, 17 juin 1969, *JCP G* 1970, II, 16162, note N. Catala-Franjou). Le droit de rétention était donc devenu un mécanisme à portée générale sans que la loi n'en dispose ainsi. Le nouvel article 2286 issu de l'ordonnance du 23 mars 2006 comble cette lacune, tout en confirmant par sa place même dans le code, que le droit de rétention joue aussi bien en matière mobilière qu'en matière immobilière. La réforme a ainsi voulu accorder les textes et la réalité, en consacrant par une disposition légale un droit de portée générale. Il s'agit ici d'étudier les conditions d'efficacité du droit de rétention pour en étudier ensuite l'efficacité elle-même.

I. Les conditions d'efficacité du droit de rétention

Pour que le détenteur d'une chose bénéficie d'un droit de rétention, trois conditions sont nécessaires : Il doit avoir la qualité de créancier (A) et il doit avoir la détention de la chose (B) en vertu d'un lien de connexité avec la créance (C).

A. La qualité de créancier du rétenteur

Celui qui entend se prévaloir du droit de rétention doit tout d'abord être créancier, ce qui lui permet d'exercer une sorte de « voie d'exécution privée ». Sa créance doit en principe présenter les caractères qui permettent de pratiquer une saisie, c'est-à-dire être certaine, liquide et exigible.

La créance doit d'abord être **certaine**. Ainsi, par exemple, le garagiste qui procède à des réparations importantes sans avoir obtenu l'accord de son client sur leur prix ne dispose pas d'une créance certaine et, partant, ne saurait invoquer le droit de rétention (Cass. 1re civ. 3 mai 1966, *D. 1966, jur. p.* 649, note J. Mazeaud). La créance doit ensuite être **liquide**, c'est-à-dire qu'elle doit être évalué en argent ou, à tout le moins que le titre constatant son existence contienne les éléments rendant possible son évaluation. La créance du rétenteur doit être enfin **exigible.** Moyen indirect de contraindre le débiteur au paiement, le droit de rétention ne saurait être exercé avant l'exigibilité de sa créance.

La créance doit en principe exister contre le propriétaire du bien détenu. Mais ce n'est pas toujours le cas. Il se peut en effet qu'un tiers ait affecté l'un de ses biens à la garantie de la dette d'autrui (mécanisme parfois appelé cautionnement réel) ou encore que le débiteur ait régulièrement cédé à un tiers le bien détenu. Dans ces deux cas, le droit de rétention sera opposable au tiers.

La créance enfin doit être postérieure ou tout au plus concomitante à l'entrée en possession du rétenteur, car **la garantie résultant du droit de rétention repose sur le seul fait de la possession**.

B. La détention de la chose

La **détention** de l'objet par le créancier constitue, ou du moins constituait la condition essentielle en la matière. Le droit de rétention est en effet traditionnellement fondé sur la **mainmise matérielle** portant sur la chose détenue. Cette détention peut être n'a d'ailleurs pas nécessairement à être le fait du créancier lui-même : elle peut réalisée par un tiers pour le compte du créancier, par exemple par un commissionnaire pour le compte de son commettant, ou par un expert chargé en justice de déterminer le montant de la créance du rétenteur. La détention est la source du droit de rétention car si, après l'avoir perdue, le créancier recouvre la mainmise, le droit de rétention ne pourra en principe pas renaître. Ainsi, à défaut de détention matérielle, le droit de rétention ne pourrait normalement pas exister.

Compte tenu toutefois du développement des biens incorporels, de la qualification de sûreté du droit de rétention et du développement des **sûretés réelles sans dépossession** comme par exemple le gage, des assouplissements se sont avérés nécessaires. Il paraissait ainsi injuste que le créancier gagiste avec dépossession bénéficie d'un droit de rétention alors qu'un créancier gagiste sans dépossession n'en bénéficie pas. La loi de modernisation de l'économie du 4 août 2008 a traduit ce souci en ajoutant un 4° à l'article 2286 du Code civil aux termes duquel le créancier bénéficiant d'un gage sans dépossession bénéficie également d'un droit de rétention. Ainsi l'exigence de détention par le créancier gagiste, qui ici par hypothèse ne peut être satisfaite, n'est pas un obstacle à son droit de rétention, alors même que le débiteur serait toujours en possession de la chose objet du gage. On parle alors de **droit de rétention fictif**.

C. La condition de connexité

Pour que le droit de rétention puisse jouer il est enfin nécessaire que le créancier détienne le bien de son débiteur en vertu d'un lien de connexité. La naissance de la créance du rétenteur doit en effet être en relation avec le bien détenu. La connexité peut se présenter de deux manières et la jurisprudence se réfère tantôt à l'une, tantôt à l'autre.

Tout d'abord, la connexité peut être purement juridique et résulter d'un contrat ou d'un quasi-contrat. Ainsi analysée, la connexité ouvrirait un droit de rétention à celui qui est par exemple intervenu sur le bien d'autrui pour y faire des réparations. La connexité peut toutefois être vue d'une manière plus large. Il y aura ainsi connexité si la créance est liée à quelque titre que ce soit, à la chose détenue. Tel sera le cas si le créancier a engagé des dépenses pour la conservation ou l'amélioration de la chose ou encore si la chose a causé un dommage au créancier pour lequel il demande réparation.

II. L'efficacité du droit de rétention

Le droit essentiel du créancier rétenteur est de ne pas se dessaisir de la chose tant qu'il n'a pas été entièrement payé. Il pourra alors repousser tant l'action contractuelle en restitution que la revendication, ou toute autre action réelle.

Attention

En exerçant le droit de rétention, le créancier ne conteste pas le droit du réclamant sur l'objet détenu, il se refuse seulement à restituer cet objet avant que sa propre créance ait été réglée. Il se prévaut de sa situation de fait, et attend son règlement. Il exerce donc le droit de rétention par voie d'exception.

A. La situation du rétenteur

Ainsi que le font remarquer les professeurs Simler et Delebecque, puisque le droit de rétention ne joue que par voie d'exception, il est logique que les droits du rétenteur ne jouent que négativement : il ne peut que s'opposer à une restitution et, le cas échéant, il ne se verra conférer un droit sur la valeur chose que s'il est contraint de s'en dessaisir. Le droit de rétention est naturellement **opposable** au débiteur. Mais il est également opposable aux tiers. Le rétenteur peut ainsi opposer son droit non seulement à tous les ayants cause du débiteur, mais également au propriétaire de la chose retenue alors même qu'il ne serait pas son débiteur (cf. Trib. Confl. 19 janvier 2004, *JCP* 2004, I, 188 n° 14). La faculté de retenir la chose entraîne celle de retenir les fruits mais le créancier rétenteur est comptable des fruits au propriétaire : il ne pourra pas se les approprier même en les imputant sur les intérêts de sa créance.

Attention

Le créancier ne peut, en sa seule qualité de rétenteur, faire vendre le bien et se payer par préférence sur le prix. S'il peut faire vendre le bien, c'est au même titre que tout autre créancier chirographaire. Le droit de rétention sur une chose n'entraîne par lui-même aucun droit de préférence sur le prix produit par la vente de cette chose, à moins que le créancier rétenteur ne dispose d'une cause légitime de préférence comme par exemple un gage.

La détention du bien fait peser sur le créancier certaines **obligations**. D'abord, il a une obligation de conservation et doit prendre soin de la chose. Ensuite, à l'égard des tiers, le rétenteur est réputé gardien de la chose au sens de l'article 1242 al. 1er du Code civil (ancien art. 1384 al. 1er). Enfin, il ne peut utiliser la chose à moins que le titre en vertu duquel il la détient ne l'y autorise.

Le droit du rétenteur connaît certaines **limites**. Il ne peut ainsi s'opposer à la **saisie** de la chose retenue. Toutefois, les créanciers saisissants devront consentir au prélèvement de la somme due au rétenteur sur le prix d'adjudication pour obtenir la remise de la chose, signe de la grande force du droit de rétention (Cass. civ. 31 mars 1851, *DP* 1851, 1, p. 65). Par ailleurs, le créancier rétenteur ne pourra pas se soustraire à des dispositions d'ordre public relatives au déroulement de certaines procédures. Le droit de rétention ne saurait ainsi être opposé au juge d'instruction qui pratique une saisie au cours d'une perquisition (Cass. crim. 20 juin 1972, *D.* 1973.402, note Lemercier, *Rev. sociétés* 1974.136, note Y. Tassel, *RTD com.* 1973.644, no 11, obs. Bouzat).

Comme tout droit accessoire, le droit de rétention est transmissible en même temps que la créance à laquelle il est attaché (Cass. com. 8 juin 1999, *JCP E*, 1999, p. 1243, rapp. J.-P. Rémery). Sa cession ne nécessite pas de stipulation expresse car elle est comprise de plein droit dans la cession de la créance elle-même. Le cessionnaire doit avoir pris possession de la chose, c'est la seule condition nécessaire et suffisante.

B. L'extinction du droit de rétention

Le droit de rétention disparaît tout d'abord par **voie accessoire** : puisqu'il accompagne une créance dont il est l'accessoire, le droit de rétention disparaît avec la créance qui l'a fait naître. Le désintéressement du créancier sera ainsi la voie normale d'extinction du droit de rétention.

Mais le droit de rétention peut également s'éteindre par **voie principale**. L'article 2286 du Code civil prévoit comme seule cause d'extinction le **dessaisissement volontaire** du créancier rétenteur. En revanche, une dépossession provisoire ne saurait éteindre le droit de rétention (par exemple pour faciliter des opérations d'expertise). Bien sûr, la **perte matérielle** de la chose entraîne disparition du droit de rétention et le droit de rétention ne se reporte pas sur une indemnité d'assurance ou de responsabilité.

Enfin, le droit de rétention s'éteint lorsque le rétenteur pratique une saisie dans le cas où, en vertu d'un droit de rétention fictif, la chose est restée entre les mains du débiteur. Par l'effet de la saisie, la chose se trouve placée sous main de justice en vue de sa vente et le créancier abandonne ainsi le bénéfice de la rétention dont il pouvait se prévaloir.

À retenir

- Le droit de rétention découle traditionnellement de la détention de la chose d'autrui par un créancier dont la créance est née à l'occasion de cette détention.
- Le Code civil admet aujourd'hui un droit de rétention fictif dans les hypothèses de gages sans dépossession.
- Le rétenteur a le droit de conserver la chose tant qu'il n'a pas été intégralement payé.
- Le rétenteur a l'obligation d'entretenir la chose.
- Le droit de rétention se perd par voie accessoire lorsque la créance a été payée ou par voie principale en cas de dessaisissement volontaire du créancier rétenteur.

Pour en savoir plus

- A. Aynès, « La consécration légale des droits de rétention », *D.* 2006, p. 1301
- N. Catala-Franjou, « De la nature juridique du droit de rétention », *RTD civ.* 1967, p. 9
- S. Piedelièvre, « L'efficacité du droit de rétention face aux autres sûretés réelles », *Rev. huissiers sept. 2001, n° 20*
- S. Piedelièvre, « *Le nouvel article 2286, 4°, du Code civil* », *D.* 2008, p. 2950

POUR S'ENTRAÎNER : CAS

Hippolyte est garagiste et ami d'Adhémar qui vient de lui confier son véhicule pour des réparations. Il a en outre prêté une certaine somme d'argent à Hildegarde, l'épouse d'Adhémar, qui a besoin de fonds pour lancer son entreprise de décorations. À l'échéance, Hildegarde n'a toujours pas remboursé Hippolyte. Celui-ci peut-il valablement refuser de restituer la voiture dont les réparations ont été payées tant que l'épouse d'Adhémar n'a pas honoré sa dette ?

RÉPONSE

Non. Les deux créances ne sont pas connexes : non seulement la dette d'Hildegarde n'est pas née de la détention de la chose, mais encore n'y-a-t-il pas identité de parties dans les deux contrats.

Fiche 25
La réserve de propriété

Le droit de propriété peut être utilisé comme une sûreté. Ce serait même la sûreté la plus efficace pour le créancier. La première manière d'utiliser la propriété à titre de sûreté c'est la technique de la **réserve de propriété** qui retarde le transfert de propriété jusqu'au complet paiement du prix dû par l'acquéreur de la chose. Cette **propriété-garantie** a été consacrée dans le code civil par la réforme du 23 mars 2006.

I. Les avantages de la réserve de propriété

La réserve de propriété était connue du droit romain et de l'ancien droit mais elle n'a été réutilisée qu'à la fin du XXe siècle. Sa redécouverte résulte de la situation peu enviable du vendeur de meubles qui a fait crédit à un acheter à l'encontre de qui est ouverte une procédure collective. Le vendeur perd en effet son privilège et devient un simple créancier chirographaire (article 2332, 4° du Code civil) ; s'il a livré le bien à l'acheteur il ne peut plus exercer un droit de rétention sur ce bien (article L. 624-14 du Code de commerce) ; en outre, n'étant plus propriétaire, il ne peut revendiquer le bien pour en obtenir la restitution. En d'autres termes, non seulement le vendeur ne pourra obtenir la restitution du bien, mais en plus les probabilités pour qu'il soit payé sont faibles.

La réserve de propriété se pratique dans les contrats de **vente.** Par application de l'article 1583 du Code civil, la propriété est transférée immédiatement, dès l'accord de volonté sur la chose et sur le prix. Le vendeur perd donc la propriété instantanément même s'il n'a pas encore été payé. Ce texte n'étant pas d'ordre public, la pratique a alors imaginé de **retarder le transfert de propriété** jusqu'au complet paiement du prix.

Exemple

La réserve de propriété peut se trouver dans d'autres contrats synallagmatiques produisant transfert de propriété comme un contrat d'entreprise (V. Cass. com., 5 novembre 2003, Bull. civ. IV, 2003, n° 162).

L'avantage de la réserve de propriété réside donc en ce qu'elle donne au créancier **un droit exclusif** sur le bien vendu. Il n'a donc pas à craindre le concours avec d'autres créanciers de l'acheteur. Il se soustrait également aux atteintes que les procédures collectives imposent aux créanciers titulaires de sûretés réelles non fondées sur la propriété.

II. La nature de la réserve de propriété

L'article 2367 du Code civil définit la clause de réserve de propriété comme étant celle qui *« suspend l'effet translatif d'un contrat jusqu'au complet paiement de l'obligation qui en constitue la contrepartie »*. Le mécanisme a un **effet suspensif**. Le vendeur reste en effet propriétaire du bien vendu jusqu'au complet paiement. En réalité il ne garde qu'un droit sur la valeur de la chose alors que l'acquéreur a le droit de s'en servir et d'en tirer tous les avantages matériels.

La réserve de propriété est l'**accessoire** de la créance dont elle garantit le paiement (article 2367 alinéa 2). Cette disposition issue de l'ordonnance de 2006 est la consécration d'une règle posée en jurisprudence (Cass. com., 15 mars 1988, *RTD civ.* 1988, p. 791, obs. M. Bandrac ; *JCP G* 1989, II, 21348, note M.-L. Morançais-Demester ; *D.* 1988, p. 330, note F. Pérochon ; *Gaz. Pal.* 1988, 1, p. 244, note B. Soinne).

En outre, l'article 2329 du Code civil précise que la réserve de propriété est une **sûreté**. Cette qualification est également une consécration légale expresse d'une solution d'origine jurisprudentielle (Cass. com., 9 mai 1995, *RTD civ.* 1996, p. 441, obs. P. Crocq ; *Rev. proc. coll.* 1995, p. 487, n° 28, obs. B. Soinne. - Cass. com., 23 janv. 2001, *Bull. civ.* 2001, IV, n° 23).

III. Le régime de la réserve de propriété

Le vendeur impayé qui bénéficie d'une réserve de propriété va pouvoir revendiquer la propriété du bien vendu. Voyons les conditions puis les effets de cette action en revendication.

A. Les conditions de l'action en revendication

La première des conditions est bien sûr l'existence d'un **contrat translatif de propriété**. L'objet de la clause de réserve doit être précisé : **tous les biens** peuvent être concernés, y compris les choses fongibles. Pour que la réserve de propriété soit pleinement efficace, elle doit être opposable aux tiers et qu'elle ne se heurte pas à des obstacles résultant de l'utilisation du bien par son acheteur.

L'article 2368 du Code civil prévoit en effet que « *la réserve de propriété est convenue par écrit* ». Il ne s'agit toutefois pas d'une condition de validité de la réserve de propriété ni d'une formalité de publicité. L'écrit permet seulement de rendre la clause **opposable aux tiers**. Le texte reprend en cela une disposition du droit des procédures collectives (article L. 624-16 alinéa 2 du Code de commerce aux termes duquel la clause doit avoir été « *convenue entre les parties dans un écrit au plus tard au moment de la livraison* » faute de quoi elle sera inopposable à la procédure collective, le vendeur ne pouvant alors pas exercer son action en revendication).

Deux types de difficultés peuvent se rencontrer : lorsque le bien qui fait l'objet de la réserve de propriété est une chose fongible et lorsque le bien a fait l'objet d'une incorporation. Ces questions sont réglées par les articles 2369 et 2370 du Code civil. S'agissant des **choses fongibles**, l'article 2369 dispose que la réserve de propriété s'exerce « *à concurrence de la créance restant due, sur des biens de même nature et de même qualité détenus par le débiteur ou pour son* compte ». Par ailleurs, si le bien objet de la réserve de propriété a été **incorporé** *à un autre bien, le créancier peut exercer son droit si ces deux biens peuvent être séparés sans subir de dommage (article 2370).*

B. Effets de l'action en revendication

La Cour de cassation a fait de cette revendication une **sorte de dation en paiement** (Cass. com., 1er octobre 1985, *Bull. civ.* 1985, IV, n° 222). Il en découle que la revendication du bien vendu n'entraîne pas la résolution de la vente qui est considérée comme exécutée par équivalent. Cette solution est paradoxale puisque la vente est considérée comme exécutée alors qu'elle n'a pas produit son effet principal qui est précisément le transfert de propriété.

Il ne s'agit pas toutefois d'une vraie dation. Dans une dation, c'est la propriété du bien qui est donnée au créancier. Or ici, par hypothèse, le créancier est demeuré propriétaire. Ce qui lui est donné c'est en réalité le droit de disposer du bien profit d'autrui, droit dont il s'était séparé en acceptant la vente. Il en découle que la revendication éteint la dette de l'acquéreur à hauteur de la valeur du bien au moment de la restitution, que le vendeur peut à nouveau disposer du bien et que le contrat de vente n'est pas résolu (article 2371 du Code civil). La mise en œuvre de la revendication pourra donner lieu à un règlement des comptes entre le vendeur et l'acheteur selon que la valeur du bien au moment de la restitution sera supérieure ou inférieure au montant de la dette restant dû.

À retenir

- La clause de réserve de propriété, insérée dans un contrat de vente, retarde le transfert de propriété de la chose vendue tant que le vendeur n'a pas été intégralement payé.
- Elle met le vendeur dans une situation d'exclusivité sur ce bien et est très avantageuse en cas de procédure collective de l'acheteur.
- S'il n'est pas payé, le vendeur pourra revendiquer la propriété de la chose vendue. Cette action en revendication produit des effets proches d'une dation en paiement puisque la vente est censée avoir été exécutée par équivalent, sans toutefois avoir produit son effet principal, à savoir le transfert de propriété.

Pour aller plus loin

- Cerles, « La propriété, nouvelle reine des sûretés », *Mél. Vasseur*, éd. Banque, 2000, p. 39 ;
- P. Crocq, *Propriété et garantie*, préface M. Gobert, LGDJ, Bibl. dr. priv., t. 248, 1995
- P. Crocq, « Dix ans après, l'évolution récente des propriétés-garanties », *Mélanges Gobert*, Economica, 2004.

Fiche 26
La fiducie-sûreté

Définition

La fiducie c'est « *l'opération par laquelle un ou plusieurs constituants transfèrent des biens, des droits ou des sûretés ou un ensemble de biens, de droit ou de sûretés, présents ou futurs, à un ou plusieurs fiduciaires qui, les tenant séparés du patrimoine propre, agissent dans un but déterminé au profit d'un ou plusieurs bénéficiaires* » (art. 2011 du Code civil). Si la fiducie peut être utilisée comme outil de gestion patrimoniale, elle peut également s'avérer être une sûreté réelle efficace. Apparue en droit français grâce à la loi du 19 février 2007, la fiducie-sûreté ne dispose d'un régime juridique complet que depuis une Ordonnance du 30 janvier 2009 et sa ratification par la loi de simplification du 12 mai 2009. Les éléments transférés forment un patrimoine d'affectation.

I. La formation de la fiducie-sûreté

L'article 2012 énonce que la fiducie est établie par la loi ou le contrat. Le cadre naturel de la fiducie est le contrat qui va devoir préciser le contenu de la fiducie, la nature des opérations que les parties comptent mettre en place, ainsi que leurs obligations réciproques. Les règles applicables sont celles du contrat de fiducie (art. 2011 et suiv.) et celles spécifiquement consacrées à la fiducie-sûreté. Si le Code civil distingue très nettement la fiducie mobilière (art. 2372-1 à 2372-5) et la fiducie immobilière (art. 2488-1 à 2488-5), l'essentiel des règles relatives à l'une et à l'autre sont communes.

A. Les personnes directement impliquées dans le contrat de fiducie

Le contrat de fiducie concerne obligatoirement trois catégories de personnes : un constituant, un fiduciaire et un bénéficiaire. Ce dernier n'est pas nécessairement partie au contrat, sauf à ce qu'il y ait confusion de cette qualité avec celle de constituant ou de fiduciaire. Accessoirement, l'article 2017 prévoit qu'un un tiers pourra être chargé de veiller à la préservation des intérêts du constituant.

Le constituant peut être toute personne ou physique. Seuls sont exclus les mineurs et les personnes sous tutelle. Si dans la fiducie-sûreté le constituant est le plus souvent également le débiteur qui cherche à garantir son obligation, on peut envisager l'hypothèse d'un tiers constituant. La qualité de **fiduciaire** est en revanche limitée aux personnes désignées à l'article 2015 du Code civil. Il s'agit par exemple des établissements de crédit, du Trésor public, de la Banque de France, de la Poste, de la Caisse des dépôts et consignations, des entreprises d'assurance ou des avocats. Le choix de ces personnes ou Institutions et Services repose sur le souci d'apporter de réelles garanties aux constituants et aux bénéficiaires d'une fiducie, mais est également justifié par la volonté du législateur de faciliter les contrôles à raison des diverses obligations de déclarations auxquelles elles sont soumises.

Le **bénéficiaire** peut être aussi bien une personne physique qu'une personne morale de quelque forme juridique que ce soit. L'article 2016 dispose simplement que le constituant et le fiduciaire, peuvent être bénéficiaires d'un contrat de fiducie. La confusion des qualités peut se trouver dans le cas de la **fiducie sûreté :** à la fois fiduciaire et bénéficiaire, le créancier trouvera dans la fiducie une garantie efficace à travers le droit de propriété.

La prohibition de toute fiducie à des fins de libéralité, suppose que le bénéficiaire du contrat de fiducie, sauf à être lui-même le constituant, devra justifier d'une contrepartie au profit du constituant, représentative d'une créance sur ce dernier, au moins équivalente à la valeur des biens affectés en fiducie. À ce titre, les relations entre le constituant et le bénéficiaire font l'objet d'une convention différente du contrat de fiducie.

Enfin, l'article 2017 laisse au constituant, la faculté de désigner un **tiers protecteur** chargé de veiller à la préservation de ses intérêts. La loi n'impose aucune qualité particulière à ce tiers qui est librement choisi par le constituant. Si le constituant est une personne physique, il ne peut pas renoncer à cette faculté.

B. Le contrat de fiducie

Outre les conditions communes à tous les contrats, la fiducie ne peut être valablement conclue que sous certaines conditions. Ainsi, l'établissement d'une fiducie est obligatoirement constaté **par un écrit** et le contrat de fiducie doit comprendre à peine de nullité, les mentions prévues à l'article 2018 :

- Les biens, les droits ou les sûretés transférés. S'ils sont futurs, ils doivent être déterminables.
- La durée du transfert qui ne peut excéder 99 ans à compter de la date de signature du contrat.

- L'identité du constituant, celle du fiduciaire, ainsi que celle(s) du (des) bénéficiaire(s) ou à défaut, pour ce(s) dernier(s) de désignation nominative, lors de la signature du contrat de fiducie, les critères permettant cette désignation.
- La mission du (des) fiduciaire(s) et l'étendue de ses pouvoirs d'administration et de disposition ou de leurs pouvoirs respectifs en cas de pluralité de fiduciaire : en application de cette disposition, le contrat devra donc stipuler l'objet de la fiducie (fiducie sûreté ou fiducie gestion) ainsi que les règles qui devront être observées par le fiduciaire pour formaliser la séparation entre le patrimoine fiduciaire et son patrimoine personnel.
- La dette garantie et la valeur estimée du bien ou du droit transféré dans le patrimoine fiduciaire (art. 2372-2 et 2488-2).

Le contrat doit ensuite faire l'objet d'un **enregistrement** et d'une **publication,** là encore **à peine de nullité.** Ces formalités doivent se faire auprès du service des impôts du siège du fiduciaire dans le mois suivant la date du contrat. Si la fiducie porte sur des immeubles ou des droits réels immobiliers, le contrat est soumis aux formalités relatives à l'enregistrement et à la publicité foncière. Lorsque le contrat de fiducie prévoit le transfert de biens ou droits mobiliers, la publicité est assurée par la publication du contrat à un registre national des fiducies du ressort de la direction générale des finances publiques.

Le contrat de fiducie peut être révoqué par le constituant tant qu'il n'a pas été accepté par le bénéficiaire. Mais après l'acceptation, le contrat ne pourra être révoqué ou modifié qu'avec son accord ou par décision de justice.

Au moment de la formation du contrat, **les créanciers du constituant** voient leur droit de gage général réduit puisque celui-ci transfère des biens vers le fiduciaire. Si les biens transférés servent toutefois d'assiette à une sûreté réelle, ils conservent leur droit de suite à condition que leur sûreté ait été publiée avant la constitution de la fiducie.

II. Les effets de la fiducie-sûreté

A. Les obligations du fiduciaire

C'est au contrat de fiducie de déterminer les obligations du fiduciaire. D'une façon générale il a une obligation de conservation des biens garnissant le patrimoine fiduciaire. Cette obligation est dans l'intérêt du constituant mais également dans le sien propre car, en sa qualité de créancier du constituant, il a tout intérêt à conserver à la sûreté sa pleine valeur.

Le Code civil organise l'indépendance du patrimoine d'affectation constitué en sûreté par rapport au patrimoine personnel du fiduciaire. Ainsi, si le fiduciaire fait l'objet d'une procédure collective, cette procédure n'affecte pas le patrimoine fiduciaire. L'article 2025 précise que le patrimoine fiduciaire ne pourra être saisi que par les titulaires de créances nées de la conservation ou de la gestion du patrimoine fiduciaire. En cas d'insuffisance, le patrimoine du constituant sera le gage commun de ces créanciers, à moins que le contrat de fiducie ne prévoie que ce passif sera assumé par le fiduciaire. Il est également possible de limiter les droits de ces créanciers au seul passif fiduciaire mais, dans ce cas, cette clause ne sera opposable aux créanciers que s'ils l'ont expressément acceptée. En cas de faute dans l'exercice de sa mission, le fiduciaire est responsable sur son patrimoine personnel.

Si le fiduciaire manque à ses devoirs, le constituant, le bénéficiaire ou le tiers désigné peuvent demander la nomination en justice d'un fiduciaire provisoire ou demander le remplacement du fiduciaire défaillant. Si le juge accueille favorablement les requêtes, le jugement opèrera dessaisissement du fiduciaire défaillant au profit de son remplaçant et transfert du patrimoine fiduciaire au profit du remplaçant.

B. La mise en œuvre de la fiducie-sûreté

Si le débiteur est défaillant, l'idée qui préside à la fiducie-sûreté se traduit par le passage d'une propriété fiduciaire à une propriété ordinaire au profit du créancier. Deux hypothèses doivent être distinguées :

- Si le **fiduciaire a également la qualité de créancier bénéficiaire**, le bien quitte le patrimoine fiduciaire pour son patrimoine personnel et, d'un propriétaire fiduciaire, il devient propriétaire ordinaire. Le contrat de fiducie peut toutefois déroger et prévoir sa cession, le prix de vente allant alors être utilisé pour éteindre la dette due au créancier.
- Si la **fiducie-sûreté est au bénéfice d'un tiers**, le créancier se verra alors transférer la propriété du bien qui, elle aussi, redeviendra une propriété ordinaire. Le contrat de fiducie peut aussi prévoir que le fiduciaire vendra le bien et remettra le prix au créancier.

Afin d'éviter tout enrichissement du créancier et toute spoliation du débiteur, la valeur du bien devra être estimée par un expert désigné à l'amiable ou judiciairement lors de la réalisation de la sûreté (art. 2372-3 et 2488-3 du Code civil). La nomination d'un expert n'est pas nécessaire en matière mobilière si le bien fait l'objet d'une cotation sur un marché organisé au sens du Code monétaire et financier ou s'il s'agit de sommes d'argent. La différence positive entre cette estimation et la dette garantie sera en principe restituée au débiteur. L'excédent servira toutefois d'abord, à payer les créances nées de la gestion fiduciaire (art. 2372-4 al. 3 et 2488-4) avant que le solde ne revienne au constituant.

C. La fiducie-sûreté rechargeable

L'intérêt économique des sûretés rechargeables se comprend : lors du remboursement du crédit, une réserve de crédit se reconstitue. La loi admet la fiducie rechargeable sous certaines conditions.

La faculté de recharge doit être prévue dans le contrat de fiducie, ce qui permet au fiduciaire de ne pas se voir imposer la poursuite de sa mission une fois la dette initiale éteinte. La convention de recharge est soumise aux mêmes conditions de forme, d'enregistrement ou d'inscription que le contrat de fiducie. La loi impose que la recharge de la fiducie-sûreté constituée par une personne physique ne soit affectée «*en garantie d'une nouvelle dette que dans la limite de sa valeur estimée au jour de la recharge*» (art. 2372-5 al. 2 et 2488 al. 2). Ce dispositif évite qu'un constituant ne s'endette en anticipant une hausse de la valeur du bien. La loi réduit toutefois le champ d'application de cette obligation d'évaluation aux seules personnes physiques. Ces textes sont d'ordre public.

D. La fin de la fiducie-sûreté

Le contrat de fiducie se termine tout d'abord par l'**arrivée du terme** ou par la **réalisation du but poursuivi**. Initialement limité à 33 ans par la loi du 19 février 2007, un contrat de fiducie peut être désormais conclu pour 99 ans (art. 2018, 2°). En matière de fiducie-sûreté, le désintéressement du créancier, but poursuivi par la garantie, éteindra bien sûr la garantie.

Par dérogation à l'article 2029, la fiducie-sûreté ne prend pas fin par le décès du constituant personne physique. Le renoncement du bénéficiaire ou de la totalité des bénéficiaires s'il y en a plusieurs met également un terme à la fiducie sauf à ce que le contrat ne le prévoit différemment.

Le contrat de fiducie prend fin également en cas de liquidation judiciaire, de dissolution ou de disparition par cession ou par absorption du fiduciaire. Si le fiduciaire est un avocat, la fiducie prend fin en cas d'interdiction temporaire, de radiation ou d'omission du tableau (art. 2029). Le contrat de fiducie peut toutefois prévoir sa continuation dans les conditions qu'il fixera.

Dès lors que la fiducie prend fin, les droits ou les biens présents dans le patrimoine fiduciaire retournent de plein droit dans le patrimoine du constituant ou, s'il est décédé, dans la succession.

À retenir

- La fiducie est un transfert de propriété provisoire du patrimoine d'un constituant vers un patrimoine fiduciaire. Cette technique peut être utilisée comme sûreté.
- Le créancier bénéficiaire d'une fiducie-sûreté peut être le fiduciaire lui-même ou un tiers. Le constituant sera le plus souvent le débiteur.

Pour en savoir plus

- F. Barrière, « La fiducie », *Rép. Civ. Dalloz*.
- A. Cerles, « La fiducie, nouvelle reine des sûretés ? », *JCP ed. E* n° 36 du 6 septembre 2007, p. 19
- A. Cerles, « Constituant personne physique », *Rev. Dr banc. et fin.* mars 2009, comm. 60
- P. Dupichot « La fiducie-sûreté en pleine lumière, à propos de l'ordonnance du 30 janvier 2009 », *JCP G* 2009, I, 132
- L. Galliez et F. Pouzenc, « La fiducie-sûreté, modes d'emploi », *Dr et patr.* 2011, n° 206 p. 34

Fiche 27
Le gage de droit commun : conditions d'efficacité

Définition

Le gage est une sûreté réelle portant sur un bien meuble corporel donnant un droit de préférence sur ce bien au créancier gagiste qui en bénéficie.

L'article 2333 du Code civil issu de la réforme de 2006 définit plus précisément le gage comme étant une «*convention par laquelle le constituant accorde à un créancier le droit de se faire payer par préférence à ses autres créanciers sur un bien mobilier ou un ensemble de biens mobiliers corporels, présents ou futurs*». Cette définition doit être comparée à celle de l'ancien article 2071 qui faisait du gage «*le contrat par lequel un débiteur remet une chose à son créancier pour sûreté de la dette*». L'ordonnance du 23 mars 2006 a donc abandonné le caractère réel du contrat de gage en supprimant l'exigence de remise de la chose gagée. Depuis la réforme, le terme de gage désigne obligatoirement une **sûreté réelle portant sur un bien meuble corporel**. Avant la réforme, les termes de gage et de nantissement étaient indistinctement utilisés. Le terme de nantissement désignait cependant le plus souvent les gages sans dépossession. À noter que le terme de gage peut désigner aussi bien la sûreté elle-même que le bien qui fournit l'assiette de la sûreté.

I. La constitution du gage

A. Les parties au contrat de gage

Tout **créancier**, quelle que soit sa qualité, peut se faire consentir un gage. Toutefois, le prêt sur gage relevant de l'article L. 571-12 du code monétaire et financier est réservé aux caisses de crédit municipal. Ce type de prêt permet, moyennant le dépôt d'un objet de valeur, l'obtention immédiate d'un prêt. Toute personne ouvrant ou tenant un établissement de prêt sur gage sans autorisation légale s'expose à 6 mois d'emprisonnement et 9 000 euros d'amende.

En cas de gage avec dépossession, il n'est pas nécessaire que le créancier lui-même détienne la chose objet du gage. Il peut en effet la confier à un tiers qui la détiendra pour son compte : c'est la faculté d'**entiercement.**

L'article 2334 du Code civil dispose que le constituant du gage peut être le débiteur ou un tiers. En toute hypothèse, le constituant doit être propriétaire du bien gagé ou en avoir l'usufruit et doit avoir la volonté de constituer le gage. Avant la réforme de 2006, le gage de la chose d'autrui était sanctionné par la nullité du gage. Le véritable propriétaire disposait de la faculté de revendication mais il se heurtait à l'article 2276 du Code civil dont le créancier gagiste de bonne foi pouvait se prévaloir. L'article 2335 du Code civil maintient la nullité mais précise désormais que, en cas de bonne foi du créancier, celui-ci peut obtenir des dommages et intérêts.

Attention

Si l'article 2335 Code civil proclame la nullité du gage sur la chose d'autrui, l'article 2334 permet quant à lui que le **gage soit constitué par un tiers**. Il s'agit de l'hypothèse longtemps appelée **cautionnement réel**. La nature véritable de cette sûreté et sa portée ont été longuement discutées en doctrine et en jurisprudence. La Chambre mixte a mis fin au débat en énonçant que le cautionnement réel était une pure sûreté réelle et n'était pas un cautionnement (Cass. ch. mixte, 2 déc. 2005 : Juris-Data n° 2005-031111 ; JCP G 2005, II, 10183, note Ph. Simler ; D. 2006, p. 729, note L. Aynès, concl. J. Sainte-Rose ; RDC 2006, p. 456, note M. Grimaldi, p. 458, note D. Houtcieff). Le tiers constituant ne prend ici aucun engagement personnel, la sûreté ayant une pure nature réelle.

Le constituant doit avoir la **capacité d'aliéner** car un droit réel constitué sur le bien affecté en garantie. En outre il doit avoir le **pouvoir d'engager** le bien. S'agissant des époux, le consentement de deux époux est nécessaire pour consentir un gage sur un bien commun (art. 1422, al. 2 du Code civil) ou sur un meuble meublant garnissant le logement de famille même s'il appartient en propre à l'époux constituant (art. 215, al. 3). En cas de sauvegarde ou de mise en redressement judiciaire, la constitution du gage suppose l'autorisation du juge commissaire (art. L. 622-7, II du Code de commerce). La constitution est interdite au débiteur et à l'administrateur sous peine de nullité absolue (III du même texte) et de sanctions pénales.

B. La conclusion du gage

Avant la réforme, le gage était un contrat réel. Il se formait nécessairement par la remise de la chose gagée au créancier. Depuis la réforme, le gage a perdu son caractère réel. Il se forme désormais par la rédaction d'un écrit exigé à titre de validité (article 2336 du Code civil). Le contrat de gage est devenu un **contrat solennel**. Cet écrit doit comprendre la désignation de la dette garantie, la quantité des biens donnés en gage ainsi que leur espèce ou leur nature. Il s'agit en effet de respecter le principe de spécialité selon lequel le bien est affecté en garantie d'une créance déterminée.

Le gage ayant un caractère **accessoire**, il ne peut être valable que s'il est consenti en **garantie d'une créance**. Il n'y a donc pas de gage sans créance garantie et la nullité de la créance garantie a pour conséquence celle du gage. La créance garantie peut être née avant la constitution du gage ou de manière concomitante. Avant la réforme, la possibilité de créer un gage en garantie de créances futures était discutée. L'article 2233, alinéa 2, du Code civil permet désormais de constituer un gage en garantie de créances futures à condition qu'elles soient déterminables.

Enfin, le gage porte nécessairement sur un **bien meuble corporel**, qu'il s'agisse d'un corps certain ou d'une chose fongible, consomptible ou non. Avant la réforme de 2006, le régime du gage était fortement marqué par son caractère réel qui impliquait une dépossession. Le caractère réel ayant disparu, beaucoup de restrictions tombent en cascades. Il est ainsi devenu possible d'admettre un gage sans dépossession, un gage de choses futures ou encore un gage portant sur un ensemble de biens consacrant par là même le gage sur une universalité de fait. L'admission du gage sur choses futures combinée avec le gage sur un ensemble de bien favorise ainsi le gage sur stocks.

Le **gage sur choses futures** peut poser des difficultés. Le Code civil exige alors que l'écrit constatant le gage contienne les éléments permettant de rendre déterminable l'assiette du gage.

II. Les conditions d'opposabilité du gage aux tiers

Lorsque le gage était un contrat réel, la question de son opposabilité ne se posait pas véritablement car la mise en possession du créancier permettait de rendre la sûreté opposable aux tiers. Depuis que le gage a perdu son caractère réel, l'opposabilité du gage aux tiers devient une question essentielle. La réforme a profondément innové en prévoyant deux modes d'opposabilité du gage : la mise en possession et la publicité. Le gage avec dépossession ne sera opposable aux tiers que par la dépossession. Le gage sans dépossession sera rendu opposable par une mesure de publicité.

A. L'opposabilité par la dépossession

La réforme de 2006 a repris une solution connue selon laquelle la chose gagée peut être remise entre les mains du créancier ou celles d'un tiers convenu (faculté d'entiercement). Dans ce dernier cas, la preuve de l'acceptation de sa mission par le tiers être faite par tout moyen afin que le gage soit opposable aux tiers (Cass. 1re civ., 24 nov. 1976, *Bull. civ.* 1976, I, n° 368). La dépossession conforte les droits du créancier qui pourra faire valoir son droit de rétention, même en cas d'entiercement. Pour que la dépossession rende le gage opposable, elle doit être effective et notoire.

Attention

Depuis la réforme de 2006 la remise de la chose gagée n'est plus une condition de formation du contrat de gage mais une modalité d'opposabilité du gage aux tiers. Il en découle que, dorénavant, la perte de la possession de la chose ne met plus fin au gage. Il devient simplement inopposable.

Lorsque le gage est opposable par la dépossession, la question se pose de savoir s'il est possible de constituer plusieurs gages successifs sur le même bien. Selon certains auteurs, le droit de rétention l'empêcherait à cause de son caractère indivisible (J. Mestre, E. Putman, et M. Billiau, *Traité de droit civil, Droit spécial des sûretés*, LGDJ 1996, n° 945). Selon une autre opinion, le droit de rétention ne ferait pas obstacle à la constitution de plusieurs gages successifs lorsqu'est utilisée la faculté d'entiercement.

B. La publicité du gage sans dépossession

Un gage de droit commun peut aujourd'hui être constitué sans dépossession. La consécration d'un gage sans dépossession de droit commun constitue l'une des innovations majeures de la réforme de 2006. Le gage sans dépossession présente avantages et inconvénients. Au sein des avantages, le constituant peut conserver l'usage du bien durant l'efficacité du gage tout en consentant d'autres gages successifs sur le même bien. Du point de vue du créancier, le gage sans dépossession lui évite non seulement d'avoir à assumer la conservation du bien mais en plus la publicité lui confère une grande sécurité. S'agissant des inconvénients, on peut relever que, pour le constituant, la publicité peut être vécue comme étant un indicateur de difficultés financières. Le principal inconvénient pour le créancier résidait dans l'absence de droit de rétention. Cet inconvénient a été levé par la loi de modernisation de l'économie du 4 août 2008 : désormais l'article 2286 du Code civil confère un droit de rétention fictif au créancier gagiste sans dépossession.

L'article 2338 du Code civil prévoit la publication du gage sur un registre spécial tenu par le greffier du tribunal de commerce et dont les modalités sont prévues par le décret n° 2006-1804 du 23 décembre 2006. La publicité est source de **sécurité juridique** au vu de ses conséquences :

- Les inscriptions régulièrement faites prennent **effet à leur date**.
- L'inscription **conserve le gage pendant cinq ans** à compter de cette date. Son effet cesse si l'inscription n'a pas été renouvelée avant l'expiration de ce délai et le greffier procèdera d'office à la radiation de l'inscription.
- La publicité **informe les tiers** de l'existence du droit. Ils ne peuvent donc pas invoquer leur bonne foi et se prévaloir de l'article 2276 du Code civil (art. 2337 al. 3).
- Lorsque le gage est sans dépossession, il est facile de constituer **plusieurs gages successifs** sur le même bien. C'est d'ailleurs l'un des avantages de ce type de gage. La publicité permet alors de **classer tous les créanciers** ayant un gage sans dépossession sur un même bien en fonction de leur date d'inscription, les plus anciens primant les plus récents (art. 2340). Les conflits sont ainsi réglés.

À retenir

- Le gage est une sûreté réelle dont l'assiette est nécessairement un bien meuble corporel.
- Il se conclut par écrit à peine de nullité.
- Le gage est opposable aux tiers soit par la dépossession, soit par la publication du gage sur un registre s'il est conclu sans dépossession.

Pour en savoir plus

- L. Aynès, « Le nouveau droit du gage », *Dr & patr.* 2007, n° 161, p. 48.
- D. Legeais, « Le gage de meubles corporels », *JCP* ed. G 2006, suppl. au n° 20, p. 12.

POUR S'ENTRAÎNER : QUESTIONS

1. Le gage se forme-t-il par la remise de la chose sur laquelle il porte ?
2. Quelle est l'assiette du gage ?

RÉPONSES

1. C'était le cas avant la réforme de 2006 car le gage était un contrat réel. Désormais il est certes toujours un contrat formel (puisqu'un écrit est exigé à titre de validité), mais la remise de la chose n'est plus qu'une modalité d'opposabilité du gage aux tiers. En cas de gage sans dépossession, il sera opposable par la publicité.
2. Le gage a nécessairement pour assiette un bien meuble corporel. Le gage de choses futures est possible à condition que la convention établissant le gage rende ces choses déterminables.

Fiche 28

Le gage : effets et mise en œuvre

À l'instar de tout droit réel, les sûretés réelles ont un caractère indivisible. Le gage demeure donc en principe efficace tant que le créancier n'a pas été payé en totalité (art. 2349 du Code civil). Il faut alors distinguer les effets du gage avant l'échéance de la dette garantie (I) et ceux qui découlent de la réalisation du gage une fois la dette garantie échue (II).

I. Les effets du gage avant l'échéance de la dette garantie

Le gage ne fait pas naître les mêmes obligations sur les mêmes personnes selon qu'il est avec ou sans dépossession. Il faut ainsi voir sur qui pèse l'obligation de conservation de la chose pendant la durée du gage (A). Le gage peut s'éteindre avant échéance de la dette garantie (B) et s'il a été stipulé avec dépossession, le détenteur sera tenu d'une obligation de restitution (C).

A. L'obligation de conservation de la chose gagée

Si le gage est opposable par la **dépossession**, la chose est par hypothèse entre les mains du **créancier** et il s'agit de préserver les intérêts du constituant. En toute logique, c'est donc sur le créancier que pèse l'obligation de conservation. Il est donc responsable envers le constituant de la perte ou de la détérioration de la chose gagée. Toutefois, le constituant devra rembourser au détenteur du bien gagé créancier les frais nécessaires ou utiles à la conservation du gage. En cas de manquement par le créancier gagiste à son obligation de conservation, le constituant peut obtenir la déchéance du gage et éventuellement des dommages et intérêts (art. 2344 al. 1 du Code civil). En outre, puisque le créancier n'est pas propriétaire de la chose gagée, il n'a pas le droit d'en jouir. Cette règle étant supplétive, le contrat de gage pourrait autoriser une telle jouissance. La règle reçoit une exception en cas de gage portant sur des **choses fongibles**. L'article 2341 du Code civil prévoit en effet que le créancier gagiste doit les tenir séparées des choses de même nature qui lui appartiennent.

Toutefois, le deuxième alinéa précise que la convention de gage peut dispenser le créancier de cette obligation et que, dans ce cas, il acquiert la propriété des choses gagées, à charge pour lui de restituer la même quantité de choses équivalentes.

Lorsque la chose gagée est frugifère, l'article 2345 permet au créancier détenteur de percevoir les **fruits** et de les imputer d'abord sur les intérêts et ensuite sur le capital de la dette. Si le détenteur n'est pas le créancier, il devra restituer les fruits au constituant. Le contrat de gage peut toutefois prévoir une solution différente.

Si le gage est constitué **sans dépossession** et est opposable par la publicité, il s'agit à l'inverse de préserver les intérêts du créancier. Le **constituant** assume alors l'obligation de conservation. En cas de manquement, le créancier pourra se prévaloir de la déchéance du terme de la dette garantie ou alors solliciter un complément de gage. En outre, aucun texte n'interdit au constituant de se défaire du bien gagé ce qui est justifié par le droit de suite dont dispose le créancier (V. infra). Toutefois, si le constituant aliène le bien, il ne pourra plus assumer son obligation de conservation. Le droit d'aliéner est cependant expressément admis pour les gages portant sur des choses fongibles dès lors que le contrat le prévoit. Dans ce cas, l'article 2342 du Code civil prévoit que le constituant pourra aliéner les choses gagées à charge pour lui de les remplacer par la même quantité de choses équivalentes.

B. L'extinction du gage

Comme toute sûreté, le gage peut s'éteindre par voie accessoire ou par voie principale. Le gage s'éteint tout d'abord par voie accessoire en cas d'extinction de la créance principale quelle que soit sa cause. Toutefois, le gage ne s'éteint pas en cas de paiement par subrogation et se transporte au profit du subrogé. En cas d'extinction à titre accessoire le droit de rétention du détenteur subsiste toutefois afin de garantir les dettes qui ont pu être faites après la constitution du gage au profit du gagiste.

Le gage s'éteint ensuite par voie principale. L'extinction peut ainsi résulter de la perte du bien ou d'une substitution de garantie ordonnée par le juge. En cas de perte du bien, les droits du créancier se reportent sur le prix de l'assurance.

C. L'obligation de restitution

Lorsque le gage est constitué avec dépossession, le créancier se voit imposer une obligation de restitution dans l'hypothèse où l'obligation garantie a été exécutée par le débiteur. Bien entendu, en vertu du principe d'**indivisibilité**, la restitution n'est due que si le créancier a été payé intégralement. Les juges ont ainsi pu valablement retenir la responsabilité du tiers détenteur convenu qui avait restitué le bien alors que la créance n'avait pas été entièrement payée (Cass. Civ. 1re, 25 mai 2005, *JCP E* 2005, 1860, n° 16, obs. Ph. Delebecque). Toujours en application de la règle d'indivisibilité, l'article 2349 du Code civil prévoit que le gage le gage est indivisible alors même que la dette le serait entre les héritiers du débiteur ou ceux du créancier, que l'héritier du débiteur principal qui a payé sa portion de dette ne peut demander la restitution de sa portion dans le gage tant que la dette n'est pas entièrement acquittée et que l'héritier du créancier qui a reçu sa portion de créance ne peut remettre le gage au préjudice de ceux de ses cohéritiers qui ne sont pas payés (V. Fiche n° 4).

Le créancier doit restituer l'objet même du gage, excepté s'il portait sur des choses fongibles et que la faculté ouverte par l'article 2341 al. 2 a été intégrée au contrat (V. supra). Le créancier qui ne restitue pas, qui restitue avec retard ou qui restitue de manière incomplète engage sa responsabilité à l'égard du constituant. La restitution peut sanctionner le manquement à l'obligation de conservation.

II. Les effets du gage après l'échéance de la dette garantie

La réforme de 2006 a laissé davantage de liberté aux parties pour aménager les effets du gage. Le créancier dispose toujours du droit de préférence et du droit de suite, du droit d'attribution judiciaire et du droit de rétention lorsque le gage est opposable avec dépossession. Mais depuis la réforme, le créancier dispose d'une faculté d'attribution conventionnelle.

A. Le droit de préférence et le droit de suite

Le créancier gagiste bénéficie d'un **droit de préférence**. Il peut donc faire ordonner la vente en justice du bien gagé, exercer son droit de préférence sur le prix. Il rentrera toutefois en concurrence avec les autres créanciers qui auraient un tel droit sur le même bien et dont le rang serait plus avantageux que le sien. La clause de voie parée reste interdite (art. 2346). Cette clause permettrait en effet d'éluder les voies d'exécution qui ont pour fonction de protéger le constituant et les autres créanciers.

Par ailleurs, l'article 2337 al. 3 permet au créancier gagiste dont la sûreté est régulièrement opposable aux tiers de poursuivre la vente du bien gagé en quelques mains qu'il se trouve. Le texte prévoit en effet que les ayants cause à titre particulier du constituant ne peuvent se prévaloir de la règle de l'article 2276 du Code civil. L'acquéreur, même de bonne foi, ne pourra donc se prévaloir de la possession. En revanche, dans la mesure où le texte ne vise que les ayants cause à titre particulier du constituant, comme par exemple l'acquéreur, il semble que le sous-acquéreur du bien pourra valablement se prévaloir de l'article 2276.

B. Le droit de rétention

Avant la réforme, puisque le gage ne se formait qu'avec la remise de la chose, il conférait nécessairement un droit de rétention au créancier. La dépossession n'est aujourd'hui plus qu'une modalité d'opposabilité du gage aux tiers (V. Fiche n° 24).

Il n'en demeure pas moins que le créancier gagiste est toujours bénéficiaire d'un droit de rétention, actuellement prévu à l'article 2286 du Code civil. Le créancier peut donc **conserver le bien jusqu'au paiement total de sa créance**.

Avec l'introduction du **gage sans dépossession**, la réforme de 2006 a laissé la possibilité au constituant de conserver ses pouvoirs d'user de la chose. Le créancier n'étant pas possesseur, il en découlait logiquement qu'il ne pouvait se prévaloir d'un droit de rétention. Il était alors désavantagé par rapport au créancier gagiste avec dépossession. La loi de modernisation de l'économie du 4 août 2008 est venue pallier cet inconvénient en ajoutant, à la liste des bénéficiaires d'un droit de rétention de l'article 2286 celui qui est titulaire d'un gage sans dépossession. Il s'agit d'un droit de rétention « légal » que l'on appelle aussi parfois **droit de rétention fictif**. La publication du gage sans dépossession dans le registre spécial visé par l'article 2338 emporte désormais les mêmes effets qu'une dépossession à savoir l'opposabilité du gage aux tiers et le droit de rétention.

Il peut alors y avoir conflit entre le droit de rétention du gagiste avec dépossession et le droit de rétention du gagiste sans dépossession. L'article 2340 pose alors que les effets du gage sans dépossession priment sur ceux de tout gage avec dépossession constitué ultérieurement sur le même bien.

C. L'attribution du bien gagé

Plutôt que poursuivre la vente du bien gagé, le créancier peut faire ordonner en justice qu'il lui reviendra en paiement (article 2347). Cette faculté d'**attribution judiciaire** est indépendante de l'existence du droit de rétention. Il ne s'agit que d'une simple faculté. Elle peut toutefois se transformer en obligation si le créancier bénéficie également d'un cautionnement. En effet, la caution pourrait lui opposer l'exception de perte de bénéfice de subrogation s'il a négligé cette faculté (V. fiche n° 15, Cass. ch. mixte, 17 nov. 2006, *JCP E* 2006, p. 2775).

L'une des grandes innovations de la réforme de 2006 réside dans l'admission du **pacte commissoire**. Il s'agit d'une convention selon laquelle le créancier deviendra propriétaire du bien gagé en cas d'inexécution de son obligation par le débiteur. Le pacte commissoire concerne tous les gages excepté les gages sur stocks (art. L. 527-2 du Code de commerce). Il importe toutefois qu'une clause prévoit expressément cette faculté, que ce soit directement dans le contrat de gage ou dans une convention postérieure. Si le gage est sans dépossession, le pacte commissoire doit être mentionné sur le bordereau d'inscription du gage sous peine d'être inopposable aux tiers (art. 2,3 du décret du 23 décembre 2006). Si le pacte est consenti postérieurement, il faudra prendre une inscription modificatrice.

Dans l'un ou l'autre cas, il s'agit d'une **dation** en paiement. L'exercice de cette faculté doit aboutir à payer le créancier mais non lui procurer un enrichissement supplémentaire. Il est donc prévu que si la valeur du bien au moment du transfert excède le montant de la dette restante, la différence doit être rendue au débiteur ou consignée s'il y a d'autres créanciers gagistes.

À retenir

- Pendant la durée d'efficacité du gage, le détenteur de la chose a une obligation de conservation de celle-ci. Cette obligation pèse sur le créancier gagiste en cas de gage avec dépossession ou sur le constituant en cas de gage sans dépossession.
- Si l'obligation garantie a été intégralement exécutée, le créancier gagiste doit restituer la chose en cas de gage avec dépossession.
- Si au contraire l'obligation garantie n'a pas été exécutée, le créancier gagiste dispose de plusieurs modalités de mise en œuvre du gage. Il dispose tout d'abord d'un droit de préférence sur le prix de vente du bien gagé. Il peut en outre se le faire attribuer judiciairement ou par l'effet du pacte commissoire s'il a été prévu dans la convention de gage.
- Bien que ce soit contraire à l'obligation de conservation de la chose, il n'est pas improbable que le constituant d'un gage sans dépossession cède la chose. Dans ce cas le créancier gagiste dispose d'un droit de suite qui lui donne la possibilité de poursuivre la vente de la chose en quelques mains qu'elle se trouve.

Pour en savoir plus

- P. Crocq, « Gage », *Rép. Civ. Dalloz*
- S. Hébert, « Le pacte commissoire après l'ordonnance du 23 mars 2006 », *D. 2007*, p. 2052
- D. Legeais, « Gage de meubles corporels, effets », *J.-Cl. Civil*, art. 2343 à 2349, fasc. unique
- P.-M. Le Corre, « La mesure de l'efficacité des gages sans dépossession », *JCP ed. E* 2009, 1204
- F. Macorig-Venier, « Le pacte commissoire », *RLDA* mars 2007, p. 79
- S. Piedelièvre, « Le nouvel article 2286, 4° du Code civil », *D.* 2008, p. 2950

- V. Fiche n° 24

Fiche 29
Les gages spéciaux

Le gage se signale par un grand nombre de régimes spéciaux. À cet égard, l'objectif de simplification affiché par la réforme de 2006 n'a pas été ici atteint. En effet, non seulement les divers gages du Code de commerce ont été maintenus, mais un gage nouveau, le gage sur stocks a été créé. Les parties peuvent donc choisir entre le gage de droit commun et nombre de gages spéciaux.

I. Les gages spéciaux avec dépossession

A. Le gage automobile

Avant 2006, le gage automobile était régi par une loi du 29 décembre 1934 et un décret du 20 septembre 1953. Jusqu'alors, ce gage ne bénéficiait qu'à certaines personnes, devait être rédigé par écrit et supposait une déclaration sur un registre tenu à la préfecture. Les règles figurent aujourd'hui dans le Code civil aux articles 2351 à 2353 sous la forme simplifiée et clarifiée que l'ordonnance de 2006 leur a donné.

Le domaine du gage automobile a été élargi puisqu'il n'est plus limité à certains bénéficiaires. Par ailleurs, le gage n'est opposable aux tiers que par déclaration faite à l'autorité administrative. Un reçu de la déclaration est remis au créancier. L'article 2352 précise que par la délivrance du reçu, le créancier gagiste sera réputé avoir conservé le bien remis en gage en sa possession. Il s'agit donc d'un gage avec dépossession, même si la dépossession est fictive dans la mesure où la détention du reçu équivaut à la détention de la chose. Le créancier bénéficie donc d'un droit de rétention fictif. Les effets du gage automobile sont les mêmes que ceux du gage de droit commun, l'article 2353 opérant par renvoi aux articles 2346 à 2348.

B. Le gage commercial

Le gage a une nature commerciale lorsque la créance garantie est commerciale, au moins pour le débiteur (Com. 2 octobre 2001, *RTD Com.* 2002, p. 33). Le régime du gage commercial est précisé par les articles L. 521-1 et suivants du code de commerce. Il est constitué soit par un commerçant, soit pour un acte de commerce et sa preuve en est libre (article L. 110-3 du Code de commerce).

Le gage commercial n'a pas de caractère réel. Il est donc opposable soit par remise de la chose, soit par publicité sur registre à l'instar du gage de droit commun. Des modalités simplifiées de la garantie sont prévues, notamment par l'article L. 521-3 du Code de commerce qui dispose qu'« *à défaut de paiement à l'échéance, le créancier peut, huit jours après une simple signification faite au débiteur et au tiers bailleur de gage s'il y en a un, faire procéder à la vente publique des objets donnés en gage* ». Le créancier peut également demander l'attribution judiciaire du bien gagé (2347 du C.civ.) ou convenir de son appropriation par application de l'article 2348 (pacte commissoire).

II. Les gages spéciaux sans dépossession

A. Le gage des stocks

Le gage sur stocks est une innovation de l'ordonnance de 2006 et est régi par les articles 527-1 et suivants du Code de commerce. Le gage sur stock a un domaine restreint: il ne peut être pris que pour un crédit consenti par un établissement de crédit à une personne morale de droit privé ou à une personne physique dans l'exercice de son activité professionnelle.

Cette nouveauté n'avait pas été bien accueillie en doctrine. En effet, on remarquait que, d'un côté, il s'agissait d'un nouveau gage sans dépossession se surajoutant à ceux existant déjà tout en soulignant, d'un autre côté, que ses grandes contraintes le rendaient moins attractif que le gage sans dépossession du Code civil avec lequel il faisait double emploi. De fait, la pratique a préféré s'orienter vers un gage de droit commun avec une assiette constituée de stocks plutôt que vers un gage sur stock commercial. La Cour de cassation a condamné cette solution en jugeant que l'établissement de crédit qui souhaite une sûreté sur les stocks de son débiteur ne peut inscrire que le gage des stocks du Code de commerce (Cass. Com. 19 février 2013, n° 11-21763). Devant la résistance des juges du fond (CA Paris, 27 février 2014), l'Assemblée plénière de la Cour de cassation a confirmé la position de la Chambre commerciale (Cass. Ass. Plén. 7 décembre 2015, n° 14-18435). Une ordonnance du 29 janvier 2016 est toutefois venue réformer le gage des stocks et a condamné la solution de la Cour de cassation en laissant expressément le choix aux parties entre droit spécial (Code de commerce) et droit commun (gage du Code civil). L'Ordonnance a allégé la constitution et le régime du gage des stocks. Il peut être constitué avec ou sans dépossession.

L'ordonnance n° 2016-56 du 29 janvier 2016 et la loi n° 2016-1547 du 18 novembre 2016 ont modifié le gage des stocks dans le sens d'une plus grande attractivité.

L'assiette du gage est constituée par les stocks. L'article L. 527-3 en donne une liste : il s'agit des stocks de matières premières et d'approvisionnement, des produits intermédiaires, résiduels et finis ainsi que des marchandises appartenant au débiteur et estimées en nature et en valeur à la date du dernier inventaire. Le texte précise que ne peut être donnée en gage une chose faisant l'objet d'une clause de réserve de propriété. Le gage peut porter sur des biens présents comme sur des biens futurs.

L'article L. 527-5 précise que le privilège du créancier passe de plein droit des stocks aliénés à ceux qui leur sont substitués. Il est loisible aux parties de prévoir que l'assiette du gage diminuera à mesure que le créancier sera payé.

La constitution du gage requiert la rédaction d'un écrit comportant certaines mentions à peine de nullité. Il doit ainsi comporter la dénomination « acte de gage des stocks », la désignation des parties, la mention que l'acte est soumis aux articles L. 527-1 à L. 527-9 du Code de commerce, le nom de l'assureur qui garantit contre l'incendie et la destruction, la désignation de la créance garantie, une description permettant d'identifier les biens présents ou futurs engagés en nature, qualité, quantité et valeur ainsi que l'indication du lieu de leur conservation, enfin la durée de l'engagement.

Le gage sur stocks ne produit effet que s'il est publié sur un registre tenu au greffe du tribunal dans le ressort duquel le débiteur a son siège ou son domicile. L'inscription devait être prise, à peine de nullité du gage, dans le délai de 15 jours à compter de la formation de l'acte constitutif. La sanction a toutefois disparu avec l'ordonnance du 29 janvier 2016. Cette publicité permet de classer les créanciers en fonction de la date de leurs inscriptions et les créanciers inscrits le même jour viennent en concurrence.

S'agissant des **effets** du gage une fois constitué, le débiteur doit conserver les stocks en quantité et en qualité en y apportant tous les soins d'une personne raisonnable et le créancier peut à tout moment, et à ses frais, constater l'état des stocks engagés. Le débiteur doit tenir à la disposition du créancier un état des stocks ainsi que la comptabilité de toutes les opérations le concernant. Le débiteur doit s'engager à **ne pas diminuer la valeur du stock.** Il doit en outre justifier que le stock est assuré contre les risques d'incendie et de destruction.

La réalisation du gage s'opère selon les règles du droit commun. Le créancier peut ainsi exercer son droit de préférence sur le prix de vente ou se faire attribuer le stock après évaluation. Depuis l'ordonnance du 29 janvier 2016, le pacte commissoire est désormais possible alors qu'il était auparavant interdit s'agissant du gage sur stocks.

Enfin, le gage sur stocks ne confère aucun droit de rétention au créancier.

B. Le gage du matériel et de l'outillage

Cette sûreté est une création d'une loi du 18 janvier 1951 qui avait pour but de faciliter le rééquipement de l'industrie française. La réforme de 2006 a clarifié ce type de gage. Son intérêt est aujourd'hui moindre car on lui préfère la technique très utilisée du crédit-bail.

Le bénéfice du gage du matériel et de l'outillage est réservé au vendeur du matériel ou et de l'outillage, au prêteur qui en a financé l'achat et aux personnes ayant garanti l'achat. Le gage a pour assiette l'équipement ou l'outillage, que celui-ci soit neuf ou d'occasion. Le gage doit être constitué par écrit et il doit être consenti dans l'acte de vente ou de prêt. La sûreté fait l'objet d'une publicité obligatoire par inscription au greffe du Tribunal de commerce, à peine de nullité. Une deuxième publicité facultative consistant en l'apposition d'une plaque sur une pièce essentielle et apparente des biens gagés peut être demandée par le créancier. Cette publicité permettra au créancier de se prévaloir d'un droit de suite complet car les tiers qui souhaiteraient faire jouer l'article 2276 du Code civil ne pourraient plus alors être considérés comme étant de bonne foi.

Le constituant supporte de lourdes obligations. Il ne peut ainsi déplacer l'objet gagé sans autorisation ni l'aliéner sans l'accord du créancier ou une autorisation du juge. Cette obligation est sanctionnée pénalement (art. L. 525-19 du Code de commerce qui renvoie à l'abus de confiance : 3 ans de prison et 375 000 € d'amende). Il est par ailleurs tenu d'une obligation de conservation de la chose.

Le créancier gagiste bénéficie d'un droit de préférence et d'un droit de suite qui lui permet de saisir le bien en cas de revente. Mais ce droit ne sera pleinement opposable aux tiers qu'en cas d'apposition de la plaque.

C. Les warrants

Les warrants sont des gages pour lesquels le constituant n'a pas à mettre son créancier en possession effective des biens gagés. Les warrants peuvent être agricoles, commerciaux, industriels ou pétroliers. Dans tous les cas, un titre à ordre sera créé en représentation de la garantie. Ce titre peut circuler et se transmet par simple endossement. Le porteur du titre est alors considéré comme étant en possession réelle de la chose. La jurisprudence lui reconnaît les mêmes droits que ceux d'un créancier gagiste.

Des différents warrants, seul le warrant agricole est aujourd'hui véritablement utilisé. Il a été créé par une loi du 30 avril 1906 complétée par un décret-loi du 28 septembre 1935. Il permet de constituer une garantie portant sur des biens en rapport avec une exploitation agricole, qu'il s'agisse de matériel d'exploitation, des animaux ou des récoltes. Seuls des exploitants agricoles, des sociétés coopératives ou des SICA (société d'intérêt collectif agricole) peuvent constituer des warrants. La créance garantie doit être incorporée dans un effet de commerce et être relative à l'exploitation. Elle doit être certaine.

À retenir

- Il existe de nombreux régimes spéciaux de gages ayant des domaines spécifiques. Ces gages spéciaux peuvent être avec dépossession (gage automobile, gage commercial) ou sans dépossession (gage sur stock, gage de matériel et d'outillage, warrants).

Pour en savoir plus

- V. Larribau-Terneyre, « La pluralité des régimes de gage », *RLDA* mars 2007, p. 73.

Fiche 30
Le nantissement de créance de droit commun

Définition

Le nantissement est l'affectation d'un ou plusieurs bien meubles incorporels en garantie d'une obligation.

Le Code civil réglemente deux nantissements conventionnels : le nantissement de créance et le nantissement de compte. Il existe d'autres types de nantissements spéciaux régis par d'autres codes comme le nantissement de fonds de commerce, le nantissement de parts sociales ou le nantissement de logiciel. L'article 2355 in fine précise que, à défaut de dispositions particulières, le nantissement portant sur d'autres biens incorporels est soumis aux règles prévues pour le gage de meubles corporels, ce qui donne au nantissement une large audience. Le droit du nantissement de créance a été profondément modifié par l'ordonnance de 2006. La réforme s'imposait car cette sûreté n'était pas performante. Les garanties sur créances ne se sont véritablement développées que lorsque des régimes spéciaux ont été créés tels que le nantissement de créances professionnelles créé par la loi « Dailly » n° 81-1 du 2 janvier 1981 (articles L. 313-23 et suivants du Code monétaire et financier).

I. La constitution du nantissement de créance

A. Les conditions de formation

Comme le gage, le nantissement a perdu son caractère réel. Il suppose seulement la rédaction d'un écrit exigé à titre de **validité** de la garantie. L'acte doit désigner les **créances garanties** et les créances nanties. Toutes les **créances** peuvent être nanties, qu'elles soient de nature contractuelle ou délictuelle, civiles ou commerciales. L'article 2355 applicable à l'ensemble des nantissements ne formule pas de restrictions similaires à celles qui existent pour la cession et le nantissement de créances professionnelles. La qualité du créancier ou du débiteur importe peu. La réforme de 2006 a également rendu possible le nantissement d'une **créance future** (art. 2356). Cette exigence limite d'ailleurs les possibilités de nantir des créances futures. Aucune définition précise de la créance future n'a toutefois été donnée. Si l'on se réfère à l'article L. 313-23 du Code monétaire et financier, les créances futures s'entendent des créances à terme, les créances résultant d'un acte déjà intervenu ou à intervenir mais dont le montant et l'exigibilité ne sont pas encore déterminés. L'acte constatant le nantissement devra alors permettre leur individualisation ou contenir des éléments permettant celle-ci comme l'indication du débiteur, le lieu de paiement, le montant des créances ou leur évaluation et s'il y a lieu leur échéance. Le créancier nanti acquerra un droit sur la créance future dès la naissance de celle-ci (art. 2357).

L'écrit doit être daté. Cette **date** est essentielle car le nantissement prend effet entre les parties et sera opposable aux tiers à partir de ce moment. La date de l'acte fera foi à l'égard des tiers jusqu'à ce qu'ils rapportent la preuve contraire. En l'absence d'exigence d'enregistrement la contestation peut être opérée par tous moyens. Pour prévenir les contestations, il est toujours possible d'enregistrer l'acte.

Le nantissement s'étend aux **accessoires de la créance**, c'est-à-dire aux sûretés qui garantissent le paiement de la créance comme par exemple un cautionnement.

B. L'opposabilité du nantissement

Avant la réforme, c'était par une signification ou une acceptation dans un acte authentique que le débiteur de la créance nantie était informé du nantissement. Ce procédé était lourd et coûteux. Désormais, le nantissement devra être notifié au débiteur de la créance nantie pour qu'il lui soit opposable, à moins qu'il ne soit lui-même intervenu à l'acte (article 2362 du Code civil). Aucune forme particulière n'a été prévue pour la notification. Celle-ci n'est d'ailleurs pas obligatoire. À défaut, le nantissement est valable entre les parties mais le créancier nanti s'expose à ce que le débiteur de la créance nantie paye le constituant. À l'inverse, si la sûreté a été notifiée, seul le créancier peut en recouvrer le montant.

Attention

La notification est une simple faculté. Mais en présence d'un cautionnement, cette faculté peut devenir une obligation si la caution est en droit de se prévaloir du non-exercice de cette faculté pour invoquer le bénéfice de subrogation (V. fiche n° 15). La Cour de cassation estime en effet que le créancier titulaire d'une faculté s'oblige à l'exercer conformément aux intérêts de la caution (Cass. ch. mixte, 17 nov. 2006 : JCP E 2006, 2775, note D. Houtcieff).

II. La mise en œuvre du nantissement de créance

Le nantissement de créance confère deux droits principaux au créancier nanti : le droit de recouvrer la créance (A) et le droit de se la faire attribuer (B).

A. Le droit de recouvrer la créance nantie

Le créancier nanti qui a notifié est le seul à pouvoir recouvrer la créance nantie. Cependant il faut distinguer selon que la créance nantie devient ou non exigible antérieurement à la créance garantie, selon que le débiteur est ou non défaillant.

La première hypothèse est celle dans **laquelle la créance garantie n'est pas encore exigible lorsque la créance nantie est exigible.** Le risque pour le constituant est de voir le créancier nanti percevoir le montant de la créance, alors que sa propre créance n'est pas exigible, et de ne pas se voir restituer le montant si l'obligation garantie est exécutée. Le créancier qui n'a pas notifié court quant à lui le risque de voir le constituant encaisser le montant de la créance et de le dépenser. Le créancier nanti a le droit de recouvrer le montant de la créance mais il doit conserver les sommes payées sur un compte ouvert à son nom auprès d'un établissement habilité à les recevoir à charge pour lui de les restituer si l'obligation garantie est exécutée. Il n'est pas exigé que le compte soit un compte spécial ou un compte bloqué. Une clause du contrat pourrait exiger l'ouverture d'un compte séquestre ce qui pourrait préserver les droits du constituant en cas d'insolvabilité du créancier.

La deuxième hypothèse est celle dans laquelle **la créance garantie est échue et impayée alors que la créance nantie n'est pas encore exigible.** Le créancier nanti peut alors attendre l'échéance de la créance nantie pour en percevoir le montant (article 2365, al. 2 du Code civil). S'il a perçu une somme supérieure à la dette garantie, il devra alors la différence au constituant. La notification n'interdit pas au débiteur de pouvoir opposer au créancier les exceptions qu'il pourrait d'opposer à son propre créancier. Les solutions dégagées en matière de nantissement de créances professionnelles peuvent être ici transposées. Dès lors, toutes les exceptions nées avant la notification sont opposables, comme par exemple l'absence de créance ou l'exception d'inexécution.

B. Le droit de se faire attribuer la créance nantie

Le créancier nanti peut subir le concours d'autres créanciers. La date du nantissement permettra de résoudre ces conflits. Toutefois, pour éviter cette situation, le créancier nanti peut demander l'attribution de la créance ou se prévaloir d'un droit de rétention.

Le créancier nanti peut tout d'abord solliciter l'**attribution judiciaire** de la créance (article 2365 du Code civil). Par ailleurs, ainsi qu'elle l'a fait pour d'autres sûretés réelles, la réforme de 2006 a introduit la possibilité du **pacte commissoire** pour les nantissements de créance. Le pacte commissoire est toutefois dépourvu de portée en cas d'ouverture d'une procédure collective. Cette neutralisation est normalement sans conséquence si le nantissement a été notifié puisque seul le créancier a le droit de recouvrer le montant de la créance.

L'existence d'un **droit de rétention** au profit du créancier nanti fait **débat**. L'intérêt d'un tel droit est en effet de permettre au créancier nanti d'être en situation d'exclusivité et d'éviter le concours avec d'autres créanciers (V. fiche n° 21). Deux analyses sont concevables. Selon la première, l'article 2286 du Code civil ne fonde plus ce droit sur la dépossession mais sur l'exigence de connexité. L'existence d'un droit de rétention portant sur les créances serait ainsi possible et le pouvoir de blocage caractéristique du droit de rétention serait concrétisé par la notification. Cette analyse peut être confortée par l'article L. 211-20 du Code monétaire et financier relatif au nantissement de comptes-titres qui, en son IV, reconnaît un droit de rétention au créancier nanti. Selon une seconde analyse, l'article 2286 du Code civil aurait une conception du droit de rétention qui en exclurait les biens incorporels. En effet, le texte vise la remise de la chose, et précise que le droit se perd par dessaisissement volontaire. Ces expressions paraissent plutôt adaptées aux biens corporels et non aux biens incorporels.

À retenir

- Le nantissement est une sûreté réelle dont l'assiette est un ou plusieurs biens meubles incorporels. Le Code civil traite spécifiquement du nantissement de créance.
- Le nantissement de créance est un contrat formel qui suppose la rédaction d'un écrit à peine de nullité. Il est rendu opposable au débiteur de la créance nantie par une notification.
- Lorsqu'il a été valablement conclu, le nantissement de créance confère au créancier nanti le droit de recouvrer la créance nantie et le droit de se la faire attribuer.

Pour aller plus loin

- P. Crocq, « Le nantissement de créance », *RLDA* juillet 2006, p. 14.
- D. Legeais, « Le nantissement de créances », *Dr et patr.*, juillet-août 2007, p. 54
- G. Piette, « Le nantissement de meubles incorporels », *RLDA* mars 2007, p. 90

Fiche 31

Le nantissement de compte

Définition

Le nantissement de compte est un nantissement de créance particulier qui a pour assiette un compte bancaire.

L'article 2360 du Code civil pose quelques règles particulières pour le nantissement de compte. Le cas visé est celui d'un compte non bloqué ouvert au nom du constituant dans un établissement de crédit. Le nantissement de compte est ainsi l'une des sûretés ayant pour assiette la monnaie. Le nantissement de compte est une variété de nantissement de créance et la plupart des règles du nantissement de créances s'appliquent.

I. La constitution du nantissement de compte

L'article 2360 du Code civil ne fait que préciser l'assiette de la garantie. Pour les autres règles de constitution, il est renvoyé au nantissement de créance. L'assiette du nantissement est ici un compte dont le solde peut être créditeur ou débiteur. Il n'est pas indifférent que l'assiette du nantissement soit le compte et pas simplement la créance résultant du solde créditeur. Le nantissement a pour assiette le contenant et la sûreté ne disparaît donc pas si le solde du compte vient à être débiteur. Tout compte en cours de fonctionnement peut ainsi être nanti (compte de dépôt ou compte courant par exemple) à l'exception de certains comptes (compte épargne ou plan épargne).

Le nantissement n'a pas pour assiette une créance future mais une créance éventuelle, incertaine quant à son montant et à sa date d'exigibilité. La créance nantie doit être clairement désignée, ce qui suppose que soit précisé le numéro du compte et l'établissement de crédit qui le tient. La créance nantie s'entend plus précisément du solde créditeur provisoire ou définitif au jour de la réalisation de la sûreté sous réserve de la régularisation des opérations en cours. Cette sûreté expose le créancier car le titulaire du compte peut en principe librement disposer des sommes qui y sont déposées et, ce faisant, le solde du compte nanti peut s'avérer négatif au jour d'exigibilité de la créance. Pour se protéger, le créancier peut se faire consentir une clause selon laquelle il sera imposé au titulaire du compte de maintenir le solde à un niveau précisé.

Soumis au principe de spécialité, le nantissement de compte suppose que les créances garanties soient désignées (article 2356 alinéa 2).

Enfin, le nantissement de compte doit être conclu par écrit, à peine de nullité.

II. Les effets du nantissement de compte

Le nantissement de compte est un nantissement de créance particulier. Il en découle que le régime juridique du nantissement de créance doit s'appliquer. Par conséquent, le nantissement de compte sera **opposable** aux tiers à la date de l'écrit le constatant. En outre, si le nantissement est notifié au teneur du compte, le créancier nanti ne devrait plus entrer en concours avec les créanciers postérieurs, du moins en principe.

Avant que le créancier ne demande la mise en œuvre de la garantie en raison de l'exigibilité de sa créance, le titulaire du compte conserve l'ensemble de ses droits et peut réaliser toutes les opérations sur son compte. Cette liberté peut toutefois être contractuellement limitée pour affermir les droits du créancier.

Lorsque la créance arrive à échéance, le créancier doit figer sa sûreté. L'article 2360 du Code civil ne précise pas les modalités de réalisation de la garantie et les règles du nantissement de créance doivent s'appliquer. La volonté du créancier doit se manifester par une notification au teneur du compte. Si le solde du compte s'avère débiteur, et sauf clause de maintien du solde, la sûreté ne remplit pas sa fonction. Toutefois, il semble que la notification permette au créancier d'appréhender le solde du compte dès lors qu'il redevient créditeur. Selon H. Synvet, le créancier pourra alors se payer directement sur le solde du compte, car il est déduit de l'article 2360 que ce solde est, à tout moment, une créance dont le créancier nanti peut exiger le paiement au lieu et place du débiteur défaillant.

À retenir

- Le nantissement de compte est un nantissement de créance particulier dont l'assiette est un compte bancaire.
- Le créancier nanti a intérêt à solidifier sa sûreté par une clause selon laquelle il sera imposé de maintenir le solde créditeur à un certain niveau.
- Le nantissement de compte est conclu par écrit à peine de nullité et sera opposable aux tiers à la date de l'écrit.

Pour aller plus loin

- H. Synvet, « Le nantissement de compte », *Dr et patr.*, juillet-août 2007, p. 63
- V. fiche n° 27

Fiche 32

L'hypothèque conventionnelle : constitution

Définitions

L'hypothèque est une sûreté réelle immobilière sans dépossession.

L'hypothèque est régie par les articles 2393 et suivants du code civil. Selon l'article 2395 du code civil, « l'hypothèque n'a lieu que dans les cas et suivant les formes autorisés par la loi », ce que l'article 2395 explicite dans les termes suivants : « Elle est ou légale, ou judiciaire, ou conventionnelle ». Si l'hypothèque ne peut naître que de sources limitativement prévues par la loi, la principale source d'hypothèque reste la convention. Le code civil contient depuis son origine des dispositions spécifiques à l'hypothèque conventionnelle, dispositions qui ont été modernisées par la réforme de 2006.

I. L'assiette de l'hypothèque

A. Les biens susceptibles d'être hypothéqués

Seuls les **droits réels immobiliers** peuvent faire l'objet d'une hypothèque. Le bien grevé d'hypothèque doit être dans le commerce, ne pas être frappé d'insaisissabilité, d'inaliénabilité ou plus généralement d'aucune autre cause d'indisponibilité. Sont donc concernés au premier chef les **immeubles par nature** et les **immeubles par destination** pour autant qu'ils demeurent attachés au fonds principal car ils ne peuvent être grevés d'hypothèque indépendamment. L'article 2397 du Code civil y ajoute les usufruits portant sur ces biens. La sous-hypothèque est toutefois interdite. Il s'agit du cas où le créancier hypothécaire chercherait à constituer une hypothèque au profit de ses propres créanciers sur les droits que lui confère sa propre hypothèque.

L'hypothèque de la chose d'autrui est nulle de nullité absolue, ce qui n'empêche pas d'affecter son bien en garantie de l'obligation souscrite par un tiers. Il est donc nécessaire que le bien se trouve dans le patrimoine du constituant.

Attention

Le constituant n'est pas obligatoirement le débiteur principal. Il peut agir en tant que caution réelle ou caution hypothécaire en engagement seulement un bien ou un droit lui appartenant en garantie de la dette d'autrui et c'est en raison de la présence de ce bien dans son patrimoine qu'il est tenu envers le créancier.

Il en découle qu'en principe, seuls les **biens actuels** peuvent être hypothéqués. Par exception toutefois, le Code admet l'hypothèque de biens à venir dans deux cas prévus à l'article 2420 :

- Si le constituant ne possède pas d'immeubles présents et libres suffisants pour la garantie de la créance, il peut consentir que chaque immeuble qu'il acquerra dans le futur sera par la suite affecté en garantie au fur et à mesure des acquisitions.
- Si l'immeuble affecté en garantie a subi une destruction ou une dégradation matérielle telles que sa valeur est devenue insuffisante. Le constituant pourra alors, de la même manière, proposer une hypothèque sur les immeubles à venir.

B. Détermination de l'assiette de l'hypothèque

Comme toute sûreté réelle, l'hypothèque est soumise au principe de spécialité, ce qui est rappelé par l'article 2418 du Code civil. L'immeuble ou les immeubles affectés en garantie doivent être clairement et spécialement désignés. À cet égard, l'article 2462 alinéa 3 précise que les immeubles doivent être individuellement désignés avec indication de la commune où ils sont situés, toute désignation générale même limitée à une circonscription territoriale donnée étant exclue.

L'hypothèque prise sur un immeuble par nature s'étend de **plein droit** aux immeubles par destination qui en sont l'accessoire. Mais si un immeuble par destination recouvre sa qualité de meuble, il sort de l'assiette de l'hypothèque laquelle ne peut porter que sur des immeubles. Il faut toutefois que cette séparation ait été agréée par le créancier hypothécaire, la Cour de cassation ayant pu censurer des juges qui n'avaient pas recherché s'il avait, « *en laissant procéder* à la vente séparée des immeubles par nature, *renoncé sans équivoque* à se prévaloir de (son) droit de préférence sur les immeubles par destination vendus séparément» (Cass. com. 18 mai 1978, *Bull. civ.* 1978, IV, n° 138). De la même manière, les récoltes et les fruits demeurent dans l'assiette de l'hypothèque aussi longtemps qu'ils sont rattachés au fonds. En revanche, l'extraction des produits n'est jamais opposable au créancier hypothécaire car celle-ci porte atteinte à la substance même de la chose et est susceptible de diminuer la valeur du fonds.

Si, par malheur, l'immeuble hypothéqué subit une destruction, la loi prévoit dans certains cas un report des droits du créancier sur la valeur du bien. Par exemple, l'article L. 121-13 du code des assurances attribue de plein droit le montant de l'indemnité due pour un immeuble détruit à la suite d'un incendie au créancier bénéficiant d'une hypothèque prise sur celui-ci.

II. Les conditions tenant au constituant

Outre l'exigence selon laquelle le bien hypothéqué doit être présent dans le patrimoine du constituant, la validité de l'hypothèque suppose qu'il ait la capacité et les pouvoirs de disposer.

Le constituant doit tout d'abord avoir la capacité d'aliéner les immeubles qu'il compte soumettre à l'hypothèque. La constitution d'hypothèque est en effet considérée comme un acte **de disposition**. L'incapacité du constituant est sanctionnée par la nullité relative de l'hypothèque puisqu'il s'agit de protéger son intérêt personnel. Ainsi, le majeur sous curatelle doit obtenir l'assistance du curateur (art. 510), le majeur sous tutelle (art. 495) et le mineur sous tutelle (art. 457) devront s'en remettre au tuteur muni d'une autorisation du conseil de famille et le mineur sous administration légale (art. 389-5) sera représenté par ses parents avec une autorisation du juge des tutelles. Un majeur sous sauvegarde de justice et un mineur émancipé peuvent valablement consentir seuls hypothèque.

Par ailleurs, le constituant doit justifier de ses pouvoirs pour hypothéquer. À ce titre, un époux marié sous le régime de la communauté ne saurait soumettre un immeuble commun sans l'accord de l'autre époux (art. 1424). Si tel était toutefois le cas, l'hypothèque serait nulle de nullité relative. En outre, quel que soit le régime matrimonial, un époux, même titulaire en propre, ne peut hypothéquer les droits portant sur l'immeuble où est assuré le logement familial (art. 215). Il devra, pour ce faire, obtenir le consentement du conjoint sous peine de nullité.

Enfin, le mandataire doit justifier d'un mandat exprès (art. 1988 al. 2 du Code civil) de la même manière que l'article 1844-2 du Code civil exige un pouvoir spécial du dirigeant de société pour engager les biens de celle-ci dans une hypothèque. Dans ces deux derniers cas, à défaut de pouvoir régulier, l'hypothèque serait nulle de nullité absolue.

III. La créance garantie

A. Le principe

L'hypothèque est soumise, comme toute sûreté réelle, au **principe de spécialité.** L'article 2421 du Code civil traduit cela en posant que « l'hypothèque peut être consentie pour sûreté d'une ou plusieurs créances, présentes ou futures » et précise aussitôt que si les créances sont futures, elles doivent être déterminables. Le texte impose un certain formalisme en exigeant, en son alinéa 2, que la cause de l'hypothèque en soit déterminée dans l'acte constitutif. Par ailleurs, l'article 2423 du code civil impose que la somme à hauteur de laquelle l'hypothèque garantit un capital déterminé soit précisée dans l'acte, à peine de nullité et si cette précision n'est pas possible, les parties doivent évaluer les rentes, prestations et droits indéterminés, éventuels ou conditionnels afin de rendre la créance garantie déterminable. Si cette créance est assortie d'une clause de réévaluation, la garantie s'étendra à la créance réévaluée à condition que l'acte le prévoie. L'hypothèque s'étend de plein droit aux intérêts et autres accessoires. Ces différentes exigences ont pour objet de protéger les intérêts du constituant. Celui-ci dispose en outre d'une résiliation unilatérale moyennant un préavis de trois mois lorsque l'hypothèque garantit une ou plusieurs créances futures pour une durée indéterminée. Une fois résiliée, la garantie ne sera due que pour les créances nées antérieurement.

B. L'exception : L'hypothèque rechargeable

Par **exception**, l'article **2422** prévoit la possibilité de convenir d'une **hypothèque rechargeable.** Cette innovation de l'ordonnance du 23 mars 2006 rend possible l'affectation de l'hypothèque à la garantie d'autres créances que celles mentionnées dans l'acte constitutif. Il en résulte qu'une même hypothèque sur un même immeuble pourra garantir des prêts successifs, ce qui permet de conserver le crédit du constituant. En effet, à mesure que l'obligation garantie est exécutée, une réserve de crédit se reconstitue sur la valeur du bien hypothéqué. Cette réserve peut alors être efficacement affectée à la garantie de nouvelles obligations. Après avoir été supprimée du Code civil par la loi n° 2014-344 du 17 mars 2014 relative à la consommation, l'hypothèque rechargeable a été réintroduite quelques mois plus tard par la loi n° 2014-1545 du 20 décembre 2014 relative à la simplification de la vie des entreprises. Désormais son champ d'application est plus réduit. La recharge ne sera possible que pour les hypothèques constituées à des fins professionnelles par une personne physique ou morale afin d'affecter cette hypothèque « à la garantie de créances professionnelles autres que celles mentionnées dans l'acte constitutif pourvu que celui-ci le prévoie expressément. »

Figure 6

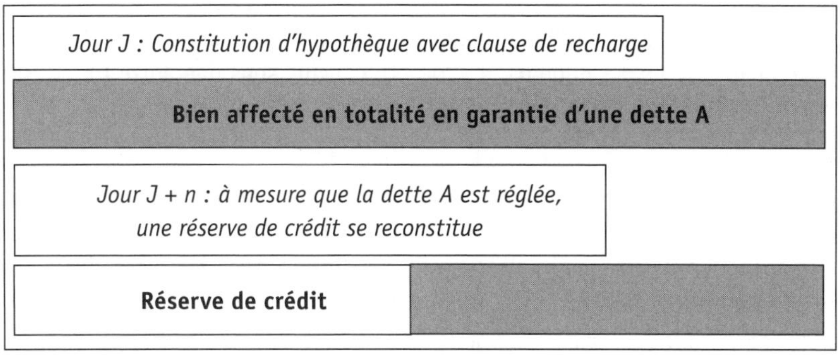

L'acte constitutif devra expressément prévoir la clause de rechargement, et ce dès l'origine. Le clause sera ainsi publiée en même temps que l'acte et sera alors pleinement efficace. L'article 2422 est d'ordre public.

Attention

Il faut bien distinguer la clause de rechargement, insérée dans l'acte constitutif d'hypothèque, de la convention de rechargement qui sera prise en application de cette clause afin de réaffecter l'hypothèque en garantie d'une nouvelle créance et d'utiliser ainsi la réserve de crédit reconstituée. La convention de rechargement devra être passée sous forme notariée et publiée à la conservation des hypothèques sous peine d'inopposabilité aux tiers.

IV. Les conditions de forme

La convention constitutive d'hypothèque ne peut être consentie qu'en la forme d'un **acte authentique** passé **devant notaire** (article 2416 du Code civil). Cette exigence de forme est une condition de validité de l'acte. Aucune autre forme n'est admise et le passage devant notaire est impératif. Cette exigence traduit le souci de préserver au mieux les intérêts du constituant eu égard aux effets importants de l'hypothèque. En effet, à travers l'exercice de son devoir de conseil et d'information, le notaire attirera l'attention du constituant sur les droits que confère l'hypothèque au créancier et des risques subséquents qui pèse sur le constituant. Aucune autre source d'authenticité de l'acte n'est admises, que ce soit un exploit d'huissier ou encore un procès-verbal dressé par un greffier.

Attention

Seule la constitution de l'hypothèque est soumise à la forme notariée. L'obligation garantie peut valablement avoir été conclue sous une autre forme, sans intervention du notaire, comme par exemple par acte sous seing privé.

L'exigence de la forme notariée entraîne deux conséquences. La première est que l'hypothèque qui n'est pas dressée sous la forme notariée est nulle de nullité absolue. Tout intéressé peut donc s'en prévaloir et aucune confirmation de l'acte n'est possible. Le défaut de forme notariée n'est pas une simple cause d'inopposabilité de la sûreté, c'est une cause d'anéantissement du droit hypothécaire du créancier.

Exemple

Peuvent se prévaloir de la nullité de l'hypothèque non consentie en la forme notariée, le constituant lui-même, mais également les créanciers du constituant (chirographaires voire hypothécaires de rang inférieur).

La deuxième conséquence tient à l'engagement de la responsabilité du notaire qui n'aurait pas pleinement rempli sa mission. Si, par hypothèse, l'acte constitutif est valable en sa forme, le notaire doit tout de même s'assurer de l'efficacité de l'acte qu'il a dressé notamment en vérifiant la capacité d'hypothéquer du constituant et en informant le créancier de toute charge réelle grevant déjà l'immeuble. Le notaire intervient également souvent comme mandataire en vue de l'accomplissement des formalités de publicité et il peut lui revenir de renouveler les inscriptions à la conservation des hypothèques.

À retenir

- L'hypothèque est une sûreté réelle immobilière.
- Constituent l'assiette de l'hypothèque les immeubles par nature ainsi que leurs accessoires tant qu'ils n'en sont pas détachés.
- En principe l'hypothèque de choses futures est nulle.
- Le constituant peut être le débiteur ou un tiers. Il doit avoir le bien hypothéqué dans son patrimoine, la capacité de disposer ainsi que le pouvoir de constituer hypothèque sur le bien.
- L'hypothèque ne peut être consentie que dans un acte authentique devant notaire et fait l'objet d'une publicité à la conservation des hypothèques.

Pour en savoir plus

- S. Becqué-Ickowicz, « Les réformes de l'hypothèque », in Évolution des sûretés réelles : regards croisés, Université-Notariat, Litec, 2007, p. 84
- F. Chalvignac, « L'hypothèque, une sûreté promue ou à promouvoir ? » *in* « La réforme des sûretés après neuf mois de pratique », *RLDA* 2007/14, n° 7
- D. Lepeltier, « Le nouveau droit de l'hypothèque », *Dr et patr.* 2007, n° 159, p. 60

POUR S'ENTRAÎNER

1. L'hypothèque peut-elle porter sur tout droit réel immobilier ?
2. L'hypothèque est-elle un contrat formel ?
3. L'hypothèque de la chose d'autrui est-elle possible ?
4. L'hypothèque est-elle nécessairement affectée à une dette présente et déterminée ?

RÉPONSES

1. Non. Il faut que le bien soit dans le commerce et ne soit pas frappé d'inaliénabilité ou d'insaisissabilité. À cette restriction près, l'hypothèque peut porter sur les immeubles par nature, sur les immeubles par destination ou encore sur l'usufruit de tels biens.
2. Oui. Elle se forme, à peine de nullité, par acte authentique passé devant notaire.
3. Non : l'hypothèque de la chose d'autrui est par principe nulle de nullité absolue. Le constituant n'est toutefois pas nécessairement le débiteur : c'est l'hypothèse de la sûreté réelle pour autrui, ou ici le cautionnement hypothécaire.
4. Non : Si en principe le principe de spécialité suppose que la dette garantie est déterminée dans l'acte constitutif (ou à tout le moins rendue déterminable s'il s'agit d'une créance future), la réforme de 2006 a introduit l'hypothèque rechargeable, ce qui permet d'affecter une même hypothèque à la garantie de dettes successives.

Fiche 33
L'hypothèque conventionnelle : les effets

I. Les rapports entre le constituant et le créancier hypothécaire
II. Les rapports entre le créancier hypothécaire et les autres créanciers : le droit de préférence
III. Les rapports entre le créancier hypothécaire et le tiers détenteur : le droit de suite

Définition

L'hypothèque confère un droit réel accessoire au créancier sans toutefois que le constituant soit dépossédé de l'immeuble. L'hypothèque confère un droit de préférence sur le prix de vente ainsi qu'un droit de suite au créancier bénéficiaire.

I. Les rapports entre le constituant et le créancier hypothécaire

Le constituant de l'hypothèque est le plus souvent le débiteur. Il peut s'avérer que le constituant soit un tiers par rapport à l'obligation garantie. Il s'agira dans ce cas d'une caution réelle ou caution hypothécaire. Il faut distinguer les rapports entre le constituant et le créancier hypothécaire selon que l'on se place avant la mise en œuvre de l'hypothèque ou après celle-ci.

A. Rapports antérieurs à la mise en œuvre de l'hypothèque

L'hypothèque étant une sûreté sans dépossession, le constituant peut exercer pleinement ses droits de propriétaire sur le bien. Il peut donc en principe librement jouir de l'immeuble en utilisant le bien et en récoltant les fruits à condition de ne pas amputer les droits du créancier.

Exemple

Le constituant peut conclure des baux sur l'immeuble hypothéqué mais leur opposabilité au créancier hypothécaire dépend de leur durée. Les baux inférieurs à 12 ans sont opposables sans publication alors que les baux supérieurs à cette durée devront être publiés (V. articles 28-1°, b et 30 du décret du 4 janvier 1955 relatif à la publicité foncière). Si toutefois ils ne le sont pas, ils seront opposables pour 12 ans.

Toujours exerçant ses prérogatives de propriétaire, le constituant peut disposer de l'immeuble, ce qui lui donne également la possibilité de consentir d'autres sûretés comme des hypothèques de rang moindre, une antichrèse (V. fiche n° 32) ou de conclure une convention de rechargement dans les conditions de l'article 2422 du Code civil (V. Fiche n° 29). Il ne faut toutefois pas que, exerçant ses droits, le constituant porte atteinte à l'intérêt que l'hypothèque présente pour le créancier, par exemple en diminuant la valeur de la chose assiette de la garantie. Ainsi, les produits ne peuvent être vendus car leur retrait porterait atteinte à la substance de la chose et diminuerait sa valeur d'autant. Les droits du constituant sur sa chose sont donc limités par les droit dont le créancier hypothécaires dispose sur la valeur de celle-ci.

B. La mise en œuvre de l'hypothèque

À partir du moment où la créance est échue et que celle-ci n'a pas été honorée, le créancier va pouvoir mettre en œuvre l'hypothèque.

La **saisie** de l'immeuble est tout d'abord possible. Fort du titre que lui confère l'hypothèque sous forme notariée, le créancier adressera au constituant un commandement de payer qui sera publié à la conservation des hypothèques. Ce n'est qu'à partir de ce moment que le créancier cristallise son droit. Le constituant conserve la possession de l'immeuble mais en qualité de séquestre judiciaire. Après adjudication, les créanciers seront désintéressés sur le prix selon leur rang d'inscription, après mise en œuvre d'une procédure de distribution du prix de vente de l'immeuble. La saisie immobilière est incontournable lorsque l'immeuble hypothéqué est la résidence principale du débiteur.

Le créancier peut en outre préférer se faire **attribuer judiciairement la propriété de l'immeuble** ainsi que le prévoit l'article 2458 du Code civil. L'attribution judiciaire est une voie simplifiée d'exécution. Elle se traduit par un transfert de propriété de l'immeuble hypothéqué qui passe du patrimoine du constituant à celui du créancier. Ce bien est transmis dans l'état dans lequel il se trouve au moment de l'attribution, avec ses accessoires (servitudes actives), mais aussi avec toutes ses charges (servitudes passives, autres droits réels). L'attribution judiciaire conduit à un paiement par dation. La créance sera éteinte à concurrence de la valeur de l'immeuble et il sera procédé à un règlement de comptes selon que la valeur de l'immeuble est inférieure, supérieure ou également au montant de la créance restant due. L'attribution en pleine propriété est de droit: si les conditions sont réunies (la créance doit être liquide et exigible), le juge devra satisfaire à la demande d'attribution émanant du créancier. Ici, le juge compétent est le Tribunal de Grande Instance du lieu où se trouve l'immeuble car il s'agit d'une action réelle immobilière.

Enfin, l'article 2459 du Code civil ouvre la possibilité de prévoir un **pacte commissoire**. Aucune forme particulière n'est exigée. Le pacte commissoire pourra être une clause insérée dans la convention d'hypothèque initiale ou figurer dans un avenant.

L'attribution judiciaire et le pacte commissoire ne sont cependant pas possibles lorsque l'immeuble est la résidence principale du constituant.

II. Les rapports entre le créancier hypothécaire et les autres créanciers: le droit de préférence

Le droit de préférence c'est le droit pour le créancier hypothécaire d'être payé sur le prix de l'immeuble en priorité sur les autres créanciers. Il est la raison d'être de l'hypothèque. Le créancier hypothécaire impayé pourra donc provoquer la vente forcée de l'immeuble. Deux cas se présentent alors:

- Si un **seul créancier est titulaire d'une hypothèque** sur l'immeuble, alors il primera la totalité des créanciers chirographaires. Il sera donc payé en priorité, et seulement s'il est intégralement désintéressé, le reliquat du prix de vente sera distribué entre les créanciers chirographaires. Si toutefois le prix de vente est insuffisant pour le désintéresser, il entrera alors en concours, pour le surplus de sa créance, avec les autres créanciers sur l'ensemble du patrimoine du débiteur, lui-même en qualité de créancier chirographaire.
- S'il y a **plusieurs inscriptions d'hypothèques sur le même immeuble**, l'ensemble des créanciers hypothécaire primera l'ensemble des créanciers chirographaires. Toutefois, entre créanciers hypothécaires, le droit de préférence s'exercera en fonction de la date d'inscription de la sûreté de chacun à la conservation des hypothèques, l'inscription la plus ancienne primant les autres, et ainsi de suite par ordre chronologique.

III. Les rapports entre le créancier hypothécaire et le tiers détenteur: le droit de suite

Selon l'article 2461 du code civil, les créanciers bénéficiant d'une hypothèque sur un immeuble «*le suivent en quelques mains qu'il passe, pour être payés suivant l'ordre de leurs créances ou inscriptions*». En effet, l'hypothèque n'emporte pas dépossession du constituant sur son immeuble. Il lui est donc possible de le céder à un tiers. Le droit de suite va, dans cette hypothèse, permettre au créancier hypothécaire de *suivre* l'immeuble, c'est-à-dire d'exercer son droit sur le bien détenu par une personne autre que le constituant. Le droit de suite intervient comme complément au droit de préférence qui risquerait d'être anéanti en cas d'aliénation de l'immeuble. Le droit de suite garantit donc sa pleine efficacité à l'hypothèque.

L'exercice du droit de suite suppose la réunion de **trois conditions**. Il faut tout d'abord que l'**aliénation** soit du type de celles qui permettent l'exercice du droit de suite. Certaines aliénations s'opposent en effet à ce droit car elles emportent purge de l'hypothèque et laissent demeurer le seul droit de préférence. Il s'agit par exemple des expropriations pour cause d'utilité publique (art. L. 12-2, al. 3, et L. 12-3, al. 2 du Code de l'expropriation). Dans les autres cas, le droit de suite pourra valablement être exercé. Il est ensuite nécessaire que la **créance soit exigible**. Il faut enfin **que l'hypothèque soit opposable** au tiers acquéreur, ce qui suppose qu'elle ait été valablement inscrite.

À retenir

- L'hypothèque, comme toute sûreté réelle, confère un droit de préférence et un droit de suite au créancier bénéficiaire.
- Le constituant peut, pendant la durée d'efficacité de l'hypothèque, continuer à utiliser l'immeuble et il peut par exemple le donner à bail. Il peut également disposer de l'immeuble. Il doit toutefois éviter de porter atteinte à la valeur de l'immeuble car ce faisant il diminuerait l'intérêt de l'hypothèque pour le créancier.
- Si la dette garantie par l'hypothèque n'a pas été honorée à l'échéance, le créancier hypothécaire peut faire saisir l'immeuble, se le faire attribuer judiciairement ou faire jouer le pacte commissoire s'il a été prévu.
- En cas de pluralité de créanciers hypothécaires sur le même immeuble, le droit de préférence s'exerce en fonction de la date d'inscription de la sûreté de chacun.
- Le droit de suite ne s'exerce valablement que si la créance garantie est exigible et que l'hypothèque a été rendue opposable au tiers acquéreur par l'inscription régulière à la conservation des hypothèques. L'expropriation pour cause d'utilité publique emporte toutefois purge des hypothèques et exclut le jeu du droit de suite.

Pour aller plus loin

- P.-F. Cuif, « Privilèges et hypothèques, effets, pacte commissoire et attribution judiciaire », *J.-Cl. Civil* art. 2458 à 2460, fasc. unique.
- Ph. Delebecque, « Le régime de l'hypothèque », *JCP ed. G* 2006, suppl. au n° 20, I, p. 29
- P. Dupichot, « La réforme du régime hypothécaire in La réforme du droit des sûretés », Dossier spécial, *D.* 2006, p. 1291.
- G. Flora, « La réalisation de l'hypothèque », *RLDA* 14/2007, n° 856
- S. Hébert, « Le pacte commissoire après l'ordonnance du 23 mars 2006 », *D.* 2007, p. 2052

Fiche 34
L'hypothèque conventionnelle : transmission et extinction

Une hypothèque peut circuler, que ce soit accessoirement à la créance garantie ou de manière autonome. En outre, pour qu'elle soit pleinement efficace et opposable aux tiers, l'hypothèque doit faire l'objet d'une inscription à la conservation des hypothèques. Dans certains cas, cette inscription peut tomber ce qui fait perdre à la sûreté son opposabilité. Enfin, l'hypothèque peut s'éteindre.

I. La transmission de l'hypothèque

Dans la mesure où l'hypothèque est **accessoire** à une créance, elle est susceptible d'être transmise en même temps que celle-ci. En effet, la créance garantie pourra valablement être cédée, cession qui emportera transfert de tous les accessoires. La transmission de la créance garantie et de ses accessoires intervient de plein droit au décès du créancier au profit de ses successeurs. La créance peut également se transmettre entre vifs sous les conditions de l'article 1690 du Code civil. Le transfert fera l'objet d'une publicité par des mentions en marge sur le bordereau d'inscription aux fins d'information des tiers (article 2430 du code civil). L'omission de cette mention n'est toutefois pas de nature à rendre la transmission inopposable aux tiers, excepté si l'hypothèque contient une clause de rechargement.

En outre, l'hypothèque peut être transmise à titre principal, c'est-à-dire sans que la créance garantie ne fasse l'objet d'une cession. Il est tout d'abord loisible au créancier hypothécaire de s'engager à ne pas se prévaloir de son rang d'inscription. Il lui est par ailleurs possible de faire bénéficier un créancier hypothécaire de rang inférieur voire chirographaire de son rang d'inscription. Dans le premier cas il s'agit d'une cession de rang appelée également cession d'antériorité ou de priorité. Dans le cas où la sûreté est transmise à un créancier chirographaire, il s'agit d'une subrogation à l'hypothèque.

II. La perte d'opposabilité de l'hypothèque

Pour être opposable aux tiers, l'hypothèque doit être publiée à la **conservation des hypothèques.** Cette inscription a un caractère facultatif mais le créancier a tout intérêt à la réaliser sous peine de voir la garantie perdre son efficacité.

Les inscriptions n'ont pas un effet indéfini. Elles conservent l'hypothèque jusqu'à une date fixée par le créancier dans certaines limites prévues à l'article 2434 du Code civil. Si l'obligation doit être exécutée à une ou plusieurs dates déterminées, l'inscription prise avant l'échéance ou la dernière échéance produit effet, au plus, pendant 2 ans après cette échéance, la durée totale de l'inscription ne pouvant excéder 35 ans. Si l'échéance ou la dernière échéance est indéterminée ou si elle est antérieure ou concomitante à l'inscription, celle-ci ne produit effet que pendant 10 ans au plus. Enfin, si l'échéance ou la dernière échéance a une date indéterminée ou si l'hypothèque a été stipulée rechargeable, la durée de l'inscription est au maximum de 50 ans à compter du jour de la formalité.

L'inscription ne produira plus d'effet si elle n'a pas été **renouvelée** avant son échéance. Chaque renouvellement doit se faire dans les mêmes conditions. Si cela n'est pas fait, le créancier hypothécaire perd son rang et doit prendre une nouvelle inscription.

Enfin, l'hypothèque peut être radiée. La **radiation** peut être volontaire, dans le cas où le créancier donne mainlevée de l'inscription. Elle peut être judiciaire et le juge devra l'ordonner lorsque l'inscription est irrégulière, qu'elle se soit fondée sur un titre irrégulier ou éteint, ou qu'elle ne soit pas fondée sur la loi ou sur un titre (article 2443 du Code civil).

III. L'extinction de l'hypothèque

L'hypothèque s'éteint comme elle se transmet, que ce soit accessoirement à la créance garantie ou à titre principal.

A. L'extinction à titre accessoire

Selon l'article 2488 du Code civil, toute cause d'extinction de l'obligation principale entraîne celle de l'hypothèque à moins qu'une clause de rechargement n'ai été prévue (V. fiche n° 31). Pour que l'hypothèque s'éteigne pleinement, la créance doit évidemment s'éteindre entièrement.

Si toutefois la créance survit en partie, l'hypothèque est maintenue en application du principe d'indivisibilité (v. fiche n° 31). En revanche, si l'extinction de l'obligation garantie est elle-même remise en cause, l'hypothèque ressuscitera mais seulement en ce qu'elle confère un droit au créancier bénéficiaire : son opposabilité aux tiers ne renaîtra pas.

B. L'extinction à titre principal

L'hypothèque peut s'éteindre alors que la créance garantie n'est pas encore éteinte. Outre la purge qui sera vue plus loin, l'article 2488 du Code civil prévoit deux causes d'extinction par voie principale. Il s'agit tout d'abord de la **renonciation du créancier**. C'est un acte unilatéral par lequel le créancier renonce à son hypothèque sans pour autant libérer le débiteur de l'obligation garantie. C'est bien le droit hypothécaire qui disparaît. Ce faisant, le créancier s'empêche définitivement de toute inscription ultérieure en l'absence de clause de rechargement. Il s'agit ensuite de la **prescription de l'hypothèque**. Si le constituant conserve la propriété de l'immeuble grevé, il n'y a aucun risque de prescription de l'hypothèque. En revanche, si l'immeuble a été aliéné par le constituant, l'hypothèque peut s'éteindre par prescription. Les délais sont ceux de l'usucapion et courent à compter du jour où le titre de l'acquéreur a été publié à la conservation des hypothèques. Le délai abrégé suppose une ignorance de bonne foi, ce qui en pratique paraît peu compatible avec une publicité foncière.

À ces causes d'extinction il faut ajouter la résiliation par le constituant de l'hypothèque garantissant des créances futures pour une durée indéterminée, ainsi que les causes d'extinction de droit commun comme par exemple l'anéantissement de l'acte constitutif d'hypothèque en raison de sa nullité ou la confusion des qualités lorsque le créancier hypothécaire a acquis le bien lequel porte son hypothèque.

Enfin, la **perte du bien hypothéqué** entraîne l'extinction de l'hypothèque en raison de la disparition de l'assiette de la sûreté. On pense bien sûr à la destruction de l'immeuble, encore que l'hypothèque subsiste sur le sol si seule la construction a été détruite. Dans certains cas le législateur a mis en place un mécanisme de subrogation réelle qui permet de reporter les droits du créancier hypothécaire sur l'indemnité d'assurance. Il convient également d'évoquer les droits réels temporaires tels que l'emphytéose ou l'usufruit portant sur un bien immobilier, l'hypothèque portant sur de pareils droits prenant fin à leur terme.

C. La purge des hypothèques

La procédure de purge permet au tiers qui acquiert un immeuble grevé de l'affranchir de l'hypothèque et des privilèges. Certaines acquisitions emportent purge de plein droit comme par exemple l'expropriation pour cause d'utilité publique ou l'adjudication sur saisie immobilière. Dans les autres cas, il faudra se soumettre à la procédure de purge.

En principe tout acquéreur peut demander la purge à l'exception des ayants droit à titres universels tenus des obligations de leur auteur et de certains ayants droit à titre particulier comme les acquéreurs tenus par le contrat qui a donné naissance à l'hypothèque (la caution hypothécaire par exemple) ou les acquéreurs obligés à la dette (comme la caution).

Contrairement à ce que laisse entendre l'article 2488, la purge n'est pas une cause d'extinction de l'hypothèque. Elle éteint le droit de suite mais le droit de préférence survit jusqu'à ce que l'hypothèque ait produit son effet légal, c'est-à-dire lorsque, d'un droit sur la chose elle est transformée en droit sur le prix (en cas de paiement de la créance garantie par exemple, V. Cass. Civ. 3e, 23 janvier 1973, *D.* 1973, jur. p. 427 note Franck; *JCP G.* 1975, II, 18032, note Bez).

À retenir

- Accessoire à une créance, l'hypothèque se transmet avec elle. L'hypothèque continue ainsi de bénéficier à l'ayant-droit du créancier. L'hypothèque peut également circuler de manière autonome.
- L'hypothèque n'est opposable aux tiers que si elle a fait l'objet d'une inscription à la conservation des hypothèques. L'inscription doit être renouvelée pour conserver sa pleine efficacité.

Pour en savoir plus

- F. Bouttier et J.-F. Pillebout, « Purge des hypothèques », *J.-Cl. Civil,* art. 2476 à 2587, fasc. 10.

Fiche 35

L'antichrèse ou gage immobilier

Définition

L'antichrèse ou gage immobilier est une sûreté réelle immobilière avec dépossession.

Avant la réforme de 2006, l'antichrèse était un nantissement ayant pour assiette un immeuble. Aujourd'hui l'antichrèse se calque sur l'hypothèque à ceci près qu'elle suppose la dépossession du constituant. L'antichrèse a été rebaptisée gage immobilier par la loi de simplification n° 2009-526 du 12 mai 2009. Seuls quelques textes du Code civil traitent de cette sûreté. Il s'agit des articles 2387 à 2392 qui, pour la plupart, renvoient aux dispositions relatives à l'hypothèque. L'antichrèse est donc, en de nombreux points, similaire à l'hypothèque tout en ayant des particularismes (droit sur les fruits, droit de rétention). Il s'agit de voir ici les spécificités liées à la dépossession.

I. Les conditions d'efficacité de l'antichrèse

L'antichrèse se forme par convention. Les règles de formation sont les mêmes que celles de l'hypothèque. En effet, l'article 2388 du Code civil opère par renvoi vers nombre de dispositions relatives à la formation de l'hypothèque conventionnelle. Les conditions de fond et de forme sont donc identiques (V. fiche n° 31). L'antichrèse est donc soumise aux mêmes conditions de capacité et de pouvoirs du constituant et, bien sûr, tant la créance garantie que l'immeuble affecté à titre de sûreté doivent être déterminés de la même façon qu'en matière d'hypothèque.

Le particularisme de l'antichrèse par rapport à l'hypothèque tient en la **mise en possession du créancier.** Cette mise en possession et en effet caractéristique du contrat d'antichrèse (Cass. Civ. 1re, 22 mars 1966, *Bull. civ.* 1966, I, n° 201). La possession du créancier peut être matérielle s'il occupe l'immeuble. Le plus souvent elle sera juridique : le créancier ou un tiers convenu percevra les loyers de l'immeuble donné en location.

La réforme de 2006 a consacré légalement l'antichrèse-bail auparavant imaginée en doctrine et admise en jurisprudence (Cass. Civ. 3e, 18 décembre 2002, *Bull. civ.* 2002, III, n° 261). L'article 2390 prévoit ainsi que « le créancier peut, sans en perdre la possession, donner l'immeuble à bail, soit à un tiers, soit au débiteur lui-même ».

À l'instar de l'hypothèque, l'antichrèse est un **contrat solennel** qui suppose l'établissement d'un **acte notarié à peine de nullité**. Pour être opposable aux tiers, l'acte devra être publié à la conservation des hypothèques.

II. L'efficacité de l'antichrèse

L'antichrèse donne droit au créancier de percevoir les fruits de l'immeuble assiette de la sûreté. Il doit les imputer sur les intérêts et, subsidiairement, sur le capital de la dette (article 2389).

Le créancier se voit par ailleurs tenu des obligations découlant de sa qualité de possesseur. Il devra ainsi pourvoir à l'entretien et à la conservation de l'immeuble, éventuellement en y affectant les fruits avant de les imputer sur le montant de la dette.

L'antichrèse confère un **droit de rétention** au créancier : le constituant ne peut en effet réclamer la restitution de l'immeuble avant que l'obligation n'ait été entièrement exécutée (article 2391). C'est là une grande supériorité sur l'hypothèque (V. Ph. Dupichot, in dossier *JCP* suppl. au n° 20 du 17 mai 2006 p. 26).

Comme en matière d'hypothèque, le créancier muni d'une antichrèse exercera son droit de préférence sur le prix de l'immeuble au rang que lui donne la date d'inscription à moins qu'il ne préfère opter pour une attribution judiciaire. Le pacte commissoire est également possible.

III. L'extinction de l'antichrèse

L'antichrèse s'éteint des mêmes causes que l'hypothèque. Elle s'éteindra bien sûr à titre accessoire en même temps que l'obligation garantie, ce que rappelle l'article 2292. Elle peut s'éteindre à titre principal en cas de restitution anticipée de l'immeuble au constituant. L'antichrèse s'éteint également en cas de déchéance du créancier s'il a manqué à l'obligation d'entretien et de conservation que lui impose l'article 2389 al. 2 du Code civil.

À retenir

- L'antichrèse est une sûreté réelle immobilière avec dépossession.
- Le créancier bénéficiaire d'une antichrèse acquiert un droit sur les fruits.
- Il peut donner l'immeuble à bail et imputer les loyers sur le montant de la dette, d'abord sur les intérêts, ensuite sur le capital.

Pour aller plus loin

- G. Piette, « La nature de l'antichrèse après l'ordonnance n° 2006-346 du 23 mars 2006 », *D.* 2006, p. 1688
- Fiche n° 31

Fiche 36
Les privilèges : généralités

Définition

Le privilège est « *un droit que la qualité de la créance donne à un créancier d'être préféré aux autres créanciers, même hypothécaires* » (art. 2324 du Code civil). Le privilège est un droit réel accessoire à une créance particulière. Il prend rang à la date de l'acte qui lui donne naissance lorsqu'il est inscrit dans le délai prévu. Selon les cas, le privilège puise son fondement soit dans la qualité de la créance, jugée par elle-même digne de protection particulière face à l'éventuelle insolvabilité du débiteur, soit dans des raisons purement dictées par la prise en compte de la personne du créancier, raisons qui conduisent à conférer une telle faveur à ce dernier. Il peut également être justifié par le souci de procurer au débiteur un crédit renforcé auprès de tiers, contractants potentiels.

I. La notion de privilège

Le privilège est **une sûreté.** Il confère une garantie au créancier, mais cette garantie est attachée indissociablement à la créance : l'extinction de la créance entraîne ainsi l'extinction du privilège et s'il y a cession de créance, le privilège suivra la créance.

Le privilège est une **sûreté légale.** Ce sont des considérations d'ordre social, inscrites dans un contexte économique strictement défini, qui justifient l'attribution au législateur d'un total monopole quant à l'octroi d'un privilège quelconque. Ce qui justifie le privilège est la « *qualité de la créance* » garantie et il appartient au seul législateur de déterminer cette qualité. La reconnaissance de privilèges constitue en outre une atteinte à l'égalité entre créanciers. En effet, lorsque l'un d'entre eux est intégralement payé, les autres se trouvent lésés par l'existence de cette priorité. Pour cette raison, seule la loi peut créer des privilèges qui sont d'interprétation stricte : il n'existe pas de privilège sans texte et il est en principe interdit d'étendre le privilège à une créance non désignée par un texte. Les volontés individuelles ne sauraient donc créer des privilèges.

Le privilège est une **sûreté réelle** : elle porte directement sur la chose. Le créancier a un droit direct sur la chose, donc sur sa valeur vénale, et, en conséquence, sur les indemnités d'assurance prenant la place du bien en cas de destruction de celui-ci. Cette sûreté donne le droit au créancier de se faire payer par préférence sur le prix de la vente du bien appartenant à son débiteur, vente provoquée par les créanciers. Pour la distribution du prix de vente, sauf dérogation prévue par la loi, les privilèges spéciaux mobiliers l'emportent sur les privilèges généraux sur les meubles. L'explication de la règle réside en ce que le créancier n'ayant de droit que sur un ou plusieurs meubles déterminés, si son droit de préférence ne trouve pas à s'appliquer sur ces biens, il n'a aucune vocation à être payé en priorité sur un autre bien alors que le bénéficiaire d'un privilège général a un droit sur tous les meubles de son débiteur.

II. La distinction entre les privilèges spéciaux et les privilèges généraux

L'étendue des biens grevés est plus ou moins grande d'un privilège à l'autre. L'assiette de certains privilèges est limitée à un élément déterminé du patrimoine du débiteur. Il s'agit alors de **privilèges dits spéciaux** qui peuvent être mobiliers ou immobiliers, selon la nature du bien qui répond de la dette.

Parfois même ils se généralisent à la totalité du patrimoine, tant immobilier que mobilier. Ce sont les **privilèges généraux**, visés aux articles 2331 et 2375 du code civil. Les privilèges généraux se scindent entre ceux qui frappent la totalité du patrimoine (meubles et immeubles) du débiteur, les privilèges pleinement généraux, et ceux qui ne frappent que la totalité des meubles du débiteur, les privilèges mobiliers généraux.

En cas de **conflit entre privilèges spéciaux et privilèges généraux,** il faut distinguer selon que l'on est en matière mobilière ou immobilière.

S'il s'agit d'un **conflit entre privilèges généraux et privilèges spéciaux mobiliers**, l'article 2332-1 du Code civil pose que les privilèges spéciaux priment les privilèges généraux. Cette *règle* est toutefois écartée en cas de procédure collective ouverte à l'encontre du débiteur.

Si le **conflit est entre les privilèges généraux et privilèges immobiliers spéciaux**, ce sont les privilèges généraux qui priment.

La résolution de ce conflit obéit directement au principe de subsidiarité selon lequel les immeubles ne seront saisis qu'en cas d'insuffisance d'actif mobilier. En effet, dans le premier cas les privilèges spéciaux mobiliers priment sur les privilèges généraux (qu'ils soient pleinement généraux ou généraux mobiliers). Les meubles seront donc saisis par priorité. Dans le second cas, privilégier les privilèges généraux reviendra également à ne saisir les biens immobiliers qu'une fois les biens meubles épuisés (que ce soit en raison d'un privilège pleinement général ou d'un privilège immobilier spécial).

À retenir

- Le privilège est une sûreté réelle légale qui vient protéger certaines créances en raison de leur nature ou de la qualité du créancier.
- On distingue les privilèges spéciaux et les privilèges généraux. Les privilèges spéciaux sont limités à certains biens en raison de la nature de la créance. Les privilèges généraux ont une assiette plus large qui peut couvrir l'ensemble des biens meubles voire l'ensemble du patrimoine du débiteur.
- Le conflit entre privilèges généraux et privilèges spéciaux est résolu par application du principe de subsidiarité en vertu duquel les immeubles ne seront saisis qu'une fois les meubles épuisés.

Pour en savoir plus

- O. Barret, « Privilèges immobiliers », *Rép. Civ. Dalloz*
- O. Barret, « Privilèges mobiliers », *Rép. Civ. Dalloz*
- V. Bremond, « Privilèges généraux », *J.-Cl. Civil*, art. 2330 et 2331, fasc. unique.
- A. Fournier, « Privilèges », *Rép. Civ. Dalloz*
- V. Fiche n° 34.

POUR S'ENTRAINER : QCM

1. Les privilèges :
   - **a.** Sont des sûretés légales
   - **b.** Dépendent de la volonté des parties
   - **c.** Sont attachés à la nature de certaines créances et à la qualité de certaines parties
   - **d.** Sont des sûretés réelles
2. Les privilèges spéciaux :
   - **a.** Portent sur l'ensemble du patrimoine du débiteur et dépendent de la nature de la créance
   - **b.** Sont limités à certains biens
   - **c.** Sont nécessairement mobiliers
   - **d.** Peuvent être mobiliers ou immobiliers

3. Les privilèges généraux :
   a. Ne portent que sur les immeubles du débiteur
   b. Portent nécessairement sur l'ensemble du patrimoine du débiteur
   c. Peuvent concerner l'ensemble du patrimoine du débiteur
   d. Portent sur l'ensemble des biens meubles du débiteur
4. En vertu du principe de subsidiarité :
   a. Les immeubles du débiteur ne seront saisis que si ses meubles sont insuffisants à désintéresser les créanciers
   b. Les privilèges généraux priment les privilèges spéciaux mobiliers
   c. Les privilèges spéciaux immobiliers priment les privilèges généraux
   d. Les privilèges généraux priment les privilèges spéciaux immobiliers

RÉPONSES

1. a, c, d
2. b, d
3. c, d
4. a, d

Fiche 37
Les privilèges : privilèges généraux et privilèges spéciaux

Contrairement aux privilèges spéciaux dont l'assiette, bien meuble ou immeuble, pour chacun se trouve souvent limitée à un élément unique, parfois à quelques valeurs déterminées appartenant au débiteur, les privilèges généraux portent sur une universalité : l'ensemble des biens mobiliers et, pour certains, les immeubles subsidiairement. Le droit de préférence s'exercera donc soit sur les biens meubles, soit sur le patrimoine dans son ensemble.

I. Les privilèges généraux

Les privilèges généraux sur les meubles et immeubles se sont raréfiés.

A. Les principales créances assorties d'un privilège général

Certaines créances seulement sont assorties d'un privilège général.

Il s'agit en premier lieu des **privilèges pour frais de justice**. Il paraît logique que ceux qui concourent à une procédure, qui aident au recouvrement d'une dette ou à la poursuite d'un débiteur, soient payés avant ceux qui profiteront de ces diligences. Les créanciers qui agissent en justice contre le débiteur, et dont l'initiative se révèle profitable aux autres créanciers de ce même débiteur jouissent donc d'un privilège de premier rang (art. 2331,1° et 2375,1° du Code civil). Ce privilège n'est opposable qu'à ceux dans l'intérêt desquels les frais ont été engagés.

Il faut évoquer en second lieu les **privilèges garantissant les salaires**. En raison de leur caractère alimentaire, le paiement des salaires a toujours été considéré comme une priorité. Le salarié ne doit pas subir les conséquences des défaillances de son employeur (celui-ci faisant par exemple l'objet d'une procédure collective). À ce titre les salariés disposent d'un **privilège ordinaire** garantissant les salaires, les appointements, les primes et les commissions dus aux salariés ainsi que les accessoires comme les indemnités de congés ou de licenciement (art. 2331,4° et 2375,

2° du Code civil). Ce privilège garantit également des créances qui ne sont pas de véritables salaires comme des droits d'auteur ou des créances de salaire différé. Les créances garanties sont limitées dans le temps: seuls les salaires des six derniers mois de travail effectif sont garantis. Cette limite ne joue toutefois pas s'agissant des indemnités. Les créances privilégiées exigibles dès la date du jugement d'ouverture du redressement judiciaire doivent être payées dès qu'il existe des fonds disponibles et au plus tard dans les 3 mois du jugement. À défaut, le représentant des créanciers devra en demander l'avance à l'AGS (Association pour la gestion du régime de Garantie des créances des Salariés).

Les salariés disposent en outre d'un **superprivilège** en cas d'ouverture d'une procédure collective à l'encontre de l'employeur. Son but est de permettre un paiement rapide des salaires et de garantir le paiement aux salariés, ce que ne peut assurer le privilège ordinaire. Ce superprivilège garantit les rémunérations de toute nature dues aux salariés et apprentis pour les soixante derniers jours de travail ou d'apprentissage. Il garantit également les indemnités de congés payés et l'indemnité due pour inobservation du délai de congé. Les sommes sont garanties à hauteur d'un plafond mensuel. L'administrateur ou l'employeur débiteur devra, avant tout établissement du montant de ces créances, verser immédiatement aux salariés et à titre provisionnel une somme égale à un mois de salaire impayé sur la base du dernier bulletin de salaire sans pouvoir dépasser le plafond fixé. Il doit faire cela avec l'autorisation du juge-commissaire et dans la mesure des fonds disponibles. Le paiement des sommes superprivilègiées doit être fait avant tout autre paiement, y compris celui des frais de justice.

Remarque

Le superprivilège n'est pas, en soi, de nature à garantir le paiement des salaires, surtout si l'administrateur ou l'employeur ne dispose pas des fonds nécessaires. La loi impose donc un système d'assurance obligatoire aux employeurs qui doivent payer une cotisation annuelle proportionnelle aux salaires. Les fonds versés alimentent une caisse tenue par l'Association Nationale pour la Gestion du Régime d'Assurance des Créances et des Salariés (AGS) qui paye les créances dues aux salariés. L'AGS intervient à la demande du représentant des créanciers lorsque les fonds disponibles ne permettent pas de payer les créances superprivilégiées, en tout ou partie. L'AGS qui verse les sommes et alors subrogé dans les droits des salariés et pourra réclamer remboursement des sommes avancées en se voyant attribuer un privilège de premier rang.

Le **privilège de la période d'observation** ou **privilège de « *new money* »** est une création de la loi du 26 juillet 2005 (art. L. 611-11 du Code de commerce). Il bénéficie aux créanciers qui, dans le cadre d'une procédure de conciliation, fournissent un nouveau bien ou un nouveau service à l'entreprise en difficulté ou encore lui consentent un nouvel apport de trésorerie (d'où l'appellation « new money »). Dès que la procédure de conciliation sera été homologuée et que le créancier aura déclaré sa créance, le privilège lui permettra d'être payé avant les créanciers postérieurs à l'ouverture de la procédure collective et les créanciers antérieurs titulaires d'une hypothèque.

Le **privilège des créanciers de la période d'observation** est prévu par l'article L. 622-17 du Code de commerce relatif aux procédures de sauvegarde et de redressement judiciaire, et par l'article L. 641-13 relatif à la liquidation judiciaire. L'idée générale est de privilégier les créanciers qui continuent d'avoir des relations avec une entreprise en difficulté car on considère qu'ils prennent un risque tout en faisant un effort qui pourrait contribuer à sauver l'entreprise. Ce privilège garantit les créances non payées à leurs échéances, nées régulièrement après le jugement d'ouverture de la procédure, pour les besoins du déroulement de la procédure ou de la période d'observation, ou en contrepartie d'une prestation fournie au débiteur pour son activité professionnelle pendant cette période. Ce privilège est classé après celui des frais de justice et des salaires pour la sauvegarde et le redressement. S'agissant de la liquidation, le privilège s'efface en outre devant les créanciers bénéficiaires d'une sûreté avec droit de rétention (gage par exemple).

B. Les effets des privilèges généraux

Comme tout privilège et comme toute sûreté réelle, le privilège confère un **droit de préférence**. En cas de saisie de l'un des biens du débiteur, le créancier exercera son droit de préférence en respectant le **principe de subsidiarité : il ne pourra saisir un immeuble que si le prix des meubles est insuffisant** (art. 2376 du Code civil). Le rang des privilèges généraux est fixé par la loi.

La **détermination du rang de préférence** des créanciers munis d'un privilège général doit tenir compte du principe de subsidiarité :

- Un premier classement commun à tous les privilèges intervient sur le patrimoine mobilier sur lequel porte tout privilège général. L'ordre de priorité est établi par l'article 2331 du Code civil. En cas de procédure collective, le superprivilège des salariés vient se classer tout en haut de la liste, immédiatement suivi par les créances privilégiées au titre des procédures collectives des articles L. 622-17 et L. 641-13 du Code de commerce.
- Un second classement affecte seulement les immeubles. Il est destiné à répartir les quelques privilèges qui continuent d'affecter l'intégralité du patrimoine du débiteur. Ne subsistent au titre de l'article 2375 du code civil que le privilège pour frais de justice et le privilège ordinaire des salaires. Du fait des textes étrangers au code civil, l'ordre de priorité devient le suivant : 1) Le superprivilège des salaires, 2) Les créances privilégiées au titre des procédures collectives, 3) Le privilège pour frais de justice, 4) Le privilège des salaires pour la fraction non couverte par le superprivilège.

À la suite seulement de cet ordre prioritaire interviendront les sûretés immobilières spéciales (privilèges immobiliers spéciaux, hypothèques, antichrèse), alors même que leur inscription serait antérieure à la naissance des créances garanties par un privilège général.

Le maintien du principe de subsidiarité du droit de poursuite sur les immeubles par rapport aux meubles demeure incertain au sujet du superprivilège des salaires et des créances privilégiées au titre des procédures collectives. En revanche, son application reste indiscutée en matière de frais de justice et de salaires.

II. Les privilèges spéciaux

L'art 2332-1 du Code civil dispose que «*sauf dispositions contraires, les privilèges spéciaux priment les privilèges généraux.*»

Les **principaux créanciers privilégiés sur les immeubles** sont, dans l'ordre : 1° Le vendeur, sur l'immeuble vendu, pour le paiement du prix, 2° le prêteur de deniers pour l'acquisition d'un immeuble, pourvu qu'il soit authentiquement constaté, par l'acte d'emprunt, que la somme était destinée à cet emploi et, par quittance du vendeur, que ce paiement a été fait des deniers empruntés, 3° Les cohéritiers, sur les immeubles de la succession, pour la garantie des partages faits entre eux, et des soultes ou retours de lots, 4° Les architectes, entrepreneurs, maçons et autres ouvriers employés pour édifier, reconstruire ou réparer des bâtiments, canaux ou autres ouvrages quelconques, 5° les prêteurs des deniers, pour payer ou rembourser les ouvriers, 6° Les créanciers du défunt et les légataires de sommes d'argent sur les immeubles de la succession…

Par principe, **le privilège mobilier spécial prime le privilège général.** Les créances assorties d'un privilège spécial mobilier sont déterminées par l'article 2332 du Code civil. Il s'agit, pour les principales, des créances résultant 1° des loyers et fermages des immeubles, sur les fruits de la récolte de l'année, et sur le prix de tout ce qui garnit la maison louée ou la ferme, et de tout ce qui sert à l'exploitation de la ferme, 2° de la créance sur le gage dont le créancier est saisi, 3° des frais faits pour la conservation de la chose, 4° du prix d'effets mobiliers non payés, s'ils sont encore en la possession du débiteur, soit qu'il ait acheté à terme ou sans terme, 8° d'un accident au profit des tiers lésés par cet accident ou leurs ayants droit, sur l'indemnité dont l'assureur de la responsabilité civile se reconnaît ou a été judiciairement reconnu débiteur à raison de la convention d'assurance…

À retenir

- Les privilèges généraux se sont raréfiés. On y trouve cependant certains privilèges importants comme les frais de justice et les privilèges garantissant les salaires. En cas de procédure collective d'un employeur, les salariés disposent d'un superprivilège qui prime tous les autres privilèges.
- D'une manière générale, les privilèges spéciaux priment les privilèges généraux.

Pour en savoir plus

- V. Fiche n° 33 et la bibliographie

Bibliographie

Traités & manuels

Aynès (Laurent) et Crocq (Pierre), *Droit civil - Les sûretés, la publicité foncière*, Defrénois, Lextenso éditions, 12e édition, 2018

Cabrillac (Michel), Mouly (Christian), Cabrillac (Séverine) et Pétel (Philippe), *Droit des sûretés*, Litec, Manuel, 10e édition, 2015

Jobard-Bachelier (Marie-Noëlle), Bourassin (Manuelle) et Brémond (Vincent), *Droit des sûretés*, Sirey, 6e édition, 2017

Lasserre-Capdeville (Jérôme), dir., Storck (Michel), Mignot (Marc), Ereseo (Nicolas), Kovar (Jean-Philippe), Routier (Richard), *Droit bancaire*, 1re édition, Dalloz, 2017

Legeais (Dominique), *Sûretés et Garanties du crédit*, LGDJ, manuel, 12e édition, 2017

Picod (Yves), *Droit des sûretés*, Puf, collection Thémis, 3e édition, 2016

Simler (Philippe) et Delebecque (Philippe), *Droit civil – Les sûretés, la publicité foncière –*, Dalloz, collection Précis, 7e édition, 2016

Mémentos & cours

Albiges (Christophe) et Dumont-Lefrand (Marie-Pierre), *Droit des sûretés*, Dalloz, collection Hyper-cours, 6e édition, 2017

Ancel (Pascal), *Droit des sûretés*, Litec, 7e édition, 2014

Piette (Gaël), *Droit des sûretés*, Gualino éditeur, collection mémento LMD, 12e édition, 2018

Piette (Gaël), *L'essentiel du droit des sûretés*, Gualino, coll. les carrés, 3e édition, 2018

Seube (Jean-Baptiste), *Droit des sûretés*, Dalloz, cours, 9e édition, 2018

Index

(Les numéros renvoient aux numéros des fiches)

D

E

F

G

H

I

L

M

N

O

P

R

S

W

Imprimé en Italie par «La Tipografica Varese Srl» Varese